现代体育管理学

主　编：金正程　张庆建　闫增印
副主编：贺　波　蒋思佳　席传浩　庞菡君

吉林大学出版社
·长春·

图书在版编目（CIP）数据

现代体育管理学/金正程，张庆建，闫增印主编．--长春：吉林大学出版社，2022.2
ISBN 978-7-5692-9940-3

Ⅰ．①现… Ⅱ．①金…②张…③闫… Ⅲ．①体育科学—管理学—教材 Ⅳ．① G80-053

中国版本图书馆 CIP 数据核字 (2022) 第 035112 号

书　　名	现代体育管理学 XIANDAI TIYU GUANLIXUE
作　　者	金正程　张庆建　闫增印　主编
策划编辑	董贵山
责任编辑	董贵山
责任校对	殷丽爽
装帧设计	王　斌
出版发行	吉林大学出版社
社　　址	长春市人民大街 4059 号
邮政编码	130021
发行电话	0431-89580028/29/21
网　　址	http://www.jlup.com.cn
电子邮箱	jldxcbs@sina.com
印　　刷	天津和萱印刷有限公司
开　　本	787mm×1092mm　1/16
印　　张	11.25
字　　数	200 千字
版　　次	2022 年 5 月　第 1 版
印　　次	2022 年 5 月　第 1 次
书　　号	ISBN 978-7-5692-9940-3
定　　价	72.00 元

版权所有　翻印必究

前 言

体育管理学是用管理学的知识来观察和解决体育领域的问题,是体育科学的学科之一,也是管理科学和体育科学的交叉学科。体育管理可追溯到古希腊时期,如果没有一套合理科学有序的管理手段,古代奥运会是难以举办的。近年来,我国体育事业发展势态良好。随着国家体育政策的持续出台与社会体育组织的积极参与,体育产业的规模和范围日益扩大,体育管理也逐步向多元化、复杂化发展。与此同时,体育管理的难度也是空前的大。因此,如何培养适应新形势的体育管理人才、发挥体育专业生的后备军力量是全国体育管理专业的管理者与教育者必须思考的问题,这也是我国体育事业可持续发展的关键。"体育管理学"是教育部发布的《全国普通高等学校体育教育本科专业课程方案》中社会体育方向的核心课程。学习体育管理学能够增强学生的体育指导实践能力,提高学生的体育管理效率,提升学生的体育管理研究能力。

为了满足现代体育事业发展的需求,实现社会体育指导与管理专业的人才培养目标,笔者借鉴了同类教材的经验的基础上,弥补了它们的不足,撰写了本书,以期为新时期我国体育管理培养创新型、复合型体育管理人才做出贡献。

在撰写本教材的过程中,笔者基于现代体育管理的特征,紧密联系社会体育指导与管理专业的需求,力使本书具有以下特色。

第一,本书符合人才培养目标,体现专业特色,满足课程需求。本书在内容设置上强化社会体育指导与管理基础理论,从学校体育管理、群众体育管理、赛事组织与运营管理、体育产业管理等方面分析体育管理学的多元化应用,体现社会体育指导与管理专业的特色。

第二,本书内容新颖,结构体系合理,符合创新性原则。本书的理论基础篇主要阐释体育管理基础理论知识,培养学生对于体育管理学的基本概念、核心知识点的理解与掌握;综合实践篇主要阐述有关体育事业发展与业务管理的具体内容,以满足学生的实际操作需求;拓展篇主要介绍体育产业管理的发展现状,培养学生从新视角来理解体育管理。

第三，本书遵循理论联系实际的原则，突出应用性的特征。本书通过真实的体育管理经典案例、前沿性案例阐述体育管理的理论，力求使学生掌握如何运用体育管理的理论解决实际问题，从而提高学生的体育管理水平。通过案例教学加深学生对实际工作场景的理解，为学生提供理论工具、学习方法、管理方法、管理手段等，培养学生的实际工作能力。

本书参考了大量国内外体育管理学方面的有关文献，同时借鉴了近几年学术界有关管理学、社会学、教育学、体育学等相关学科的大量最新研究成果。在本书的出版过程中，笔者获得重庆邮电大学2018年教学体系内涵建设校级规划教材（JC2018-13）资助，同时也得到了吉林大学出版社的鼎力支持，在此一并表示诚挚的谢意。

本书若存在不妥之处，恳请广大读者提出宝贵的意见。

作者

2021年6月

目录

第一章 体育管理学概述···1
    第一节 管理学的内涵与外延···1
    第二节 体育管理学的性质···7
    第三节 课后习题···16

第二章 体育管理学原理与方法···17
    第一节 体育管理学原理···17
    第二节 体育管理方法···31
    第三节 课后习题···37

第三章 体育管理体制···38
    第一节 体育管理体制的内涵···38
    第二节 我国体育管理体制的体系·······································42
    第三节 我国体育管理体制的改革·······································46
    第四节 课后习题···51

第四章 竞技体育管理···53
    第一节 运动训练管理···53
    第二节 运动竞赛管理···65
    第三节 课后习题···75

第五章　体育赛事组织与管理……76
第一节　体育赛事的组织实施……76
第二节　体育赛事的管理……88
第三节　课后习题……96

第六章　学校体育管理……98
第一节　学校体育的管理内容……98
第二节　学校体育管理效果的评估……115
第三节　课后习题……119

第七章　群众体育管理……120
第一节　"全民健身计划"纲要……120
第二节　社区体育管理……126
第三节　课后习题……135

第八章　体育产业管理……136
第一节　体育产业概述……136
第二节　体育产业管理的概述……151
第三节　我国体育产业管理发展状况……160
第四节　课后习题……169

参 考 文 献……170

第一章 体育管理学概述

管理是人类历史上极其重要的社会实践活动。体育管理是社会实践发展的产物。学习体育管理的意义在于运用管理学的理论和方法，研究体育组织的协调，掌握体育管理实践的客观规律，以便更好地实现体育组织的预定目标，提高体育管理的效率。管理与体育管理的概念是研究现代体育管理的出发点。现代体育管理学是随着我国管理科学、科学技术以及体育事业的迅速发展而逐步形成的学科。本章对管理与体育管理的概念、管理与体育管理以及体育管理的学科体系等进行了阐述。

第一节 管理学的内涵与外延

一、管理概念的产生

管理是伴随着人类和人类社会的产生和发展而逐步产生和完善的。从人类早期的群居生活和原始社会的分工协作，到国家的出现和阶级的产生，随着生产力的发展和经济的繁荣，管理也从无意识进入有意识的阶段。人类在征服自然和发展自我的实践活动中，不断地总结经验、汲取教训，形成了一套成熟的管理思想和原则。

从原始社会到19世纪末20世纪初的这期间，管理都属于被动型的，是为生存和发展而进行管理，而不是为管理而管理，也从未对管理活动本身的重要性和必要性加以认识和研究，还没有形成一个比较完整的管理理论体系。真正意义上的管理理论是伴随工业革命发展和成熟起来的。随着工业革命和工厂制度的发展，工厂、公司管理的必要性突显出来。许多理论家，尤其是经济学家越来越多地在其著作中涉及管理方面的问题，很多实践者也开始探索管理问题。管理作为一门科学，开始得到大众的尊重和认可。这一时期的管理著作大体上分为两类：一类注重管理职能、原则等理论方面的研究；另一类偏重管理技术和方法的研究。

管理是指在特定的环境条件下，以人为中心，通过计划、组织、指挥、协调、控制、创新等手段，对组织所拥有的人力、物力、财力、信息等资源进行有效的决策、计划、组织、领导、控制，以期高效地达到组织既定目标的过程[①]。

随着经济和科技的发展，管理学经历了从无到有，从有到完整的过程；从早期的实践活动到管理思想的提出，再到管理理论的形成；从研究管理职能和管理科学等注重物的研究，开始转向人际关系和行为科学的研究。管理学是一门有生命的科学，它将随着经济和科技的不断深入发展而得到完善和补充。

二、管理概念的界定

管理的定义是什么？从文字表面可以理解成"管辖""负责""处理""治理"的意思。广义的管理是指应用科学的手段安排组织社会活动，使其有序进行。其对应的英文是"administration"或"regulation"。狭义的管理是指为保证一个单位全部业务活动顺利进行而实施的一系列计划、组织、协调、控制和决策的活动，对应的英文是"manage"或"run"。从管理的内涵来看，国内外诸多学者对于管理的定义做出了不同解释，但目前还没有达成共识的定义。以下是具有代表性的解释。

科学管理之父弗雷德里克·泰勒(Fredrick Taylor)认为："管理就是确切地知道你要别人干什么，并使他用最好的方法去干。"管理就是指挥他人用最好的办法去工作。

美国管理学家赫伯特·亚历山大·西蒙(Herbert Alexander Simon)将管理定义为决策，强调决策在管理中的重要性，认为决策就是管理的全部内容。

法国管理学家亨利·法约尔(Henri Fayol)认为："管理就是实行计划、组织、指挥、协调和控制。"这里主要强调的是管理的职能。

美国管理学家哈罗德·孔茨(Harold Koontz)认为："管理就是设计和保持一种良好的环境，使人在群体里高效率地完成既定目标。"这里强调的是实现目标的活动。

美国管理学家彼得·F. 德鲁克(Peter F. Drucker)认为："管理是一种工作，它有自己的技巧、工具和方法；管理是一种器官，是赋予组织以生命的、能动的、动态的器官；管理是一门科学，一种系统化的并到处适用的知识；同时管理也是

---

① 孙永正. 管理学 [M]. 北京：清华大学出版社，2007.

一种文化。"

美国管理学教授斯蒂芬·P.罗宾斯(Stephen P. Robbins)给管理的定义是:"所谓管理,是指同别人一起,或通过别人使活动完成得更有效的过程。"

在国内,对于管理的定义也是百家争鸣、各抒己见。《极简管理:中国式管理操作系统》中对管理进行了拆字合意:管,原意为细长而中空之物,其四周被堵塞,中央可通达,使之闭塞为堵,使之通行为疏。管,就表示有堵有疏、疏堵结合。因此,管既包含疏通、引导、促进、肯定、打开之意,又包含限制、规避、约束、否定、闭合之意。理,本义为顺玉之纹而剖析,代表事物的道理、发展的规律,包含合理、顺理的意思。管理犹如治水,疏堵结合、顺应规律而已。因此,管理就是合理地疏与堵的思维与行为。

有的学者认为,"管理就是通过其他人来完成工作的。"这里强调的是调动他人的力量。

有的学者认为,管理是一种"学术",或者说是"技术"。这说明管理的经验和知识是可以学会的,是可以交流与借鉴的。

有的学者认为,管理既是一门"科学",又是一种"艺术",其所强调的是科学性与艺术性的统一。

也有学者认为,管理是一种"文化",因为其渗透了人们的价值、风俗、信仰、语言等民族传统观念,以及人们的阶级意识、政治观点、社会制度等各国不同国情。

通过对前人观点的梳理,我们可以发现管理的内涵主要包括以下特点:

①管理是一种普遍的社会现象,是从人类社会生产就存在的社会活动过程;

②管理体现在所有的组织当中,具有十分明确的既定目标;

③管理是对环境的创造与设计,其能够形成一定的组织氛围,是激励下属的工作动机;

④管理是对人和事的综合管理,工作重心是处理好各方面人际关系;

⑤管理活动的职能主要包括计划、组织、领导、控制和创新;

⑥管理最终目的是在现有的条件下更高效地完成组织的既定目标。

因此,我们可以将管理定义为,管理者通过实施计划、组织、控制等职能,协调管理客体活动,实现组织既定目标的活动过程。

三、体育管理学的概念

体育管理，即对体育活动的管理，是管理在体育领域的具体表现。它以管理学作为理论基础，以体育问题作为实践对象，追求的是体育实践的最佳管理效果。因此，结合管理的概念，可以对体育管理描述如下：体育管理就是指体育组织的管理者，通过实施决策、计划、组织、领导、控制、创新等职能，充分发挥各种体育资源的合力作用，实现体育组织既定目标的活动过程。体育管理学则是研究体育管理的本质和规律的科学。

体育管理为了实现体育组织的目标，不断提高体育工作的功效所进行的决策、组织、领导、控制、创新等一系列综合活动。体育管理、体育经营管理、体育行政管理是既有联系又有区别的不同概念。在实践中，我们既要注意它们之间的相互联系内容，又要划分它们相互区别的部分。

体育经营管理，即体育产业部门的经营管理，是指管理者以体育经营合理化为目的，为执行体育经营职能所从事的各种管理工作的总称。也就是说，管理者通过应用现代管理的原理、方法和手段，对体育经营单位的经营活动行使一定的管理职能，如决策、计划、组织、指挥、协调、控制、教育、激励等，以实现体育经营的最优化及经济效益的最大化[①]。

体育行政管理是管理者通过应用现代管理的原理、方法和手段，对体育行政单位的运营活动行使一定的管理职能，如决策、计划、组织、指挥、协调、控制、教育、激励等，以提高体育行政体系管理效率。

体育管理学是研究体育管理现象及其发展规律的一门综合性的管理科学。体育管理可以分为体育行政管理、学校体育管理、社会体育管理、体育赛事管理、体育产业管理、比较体育管理六大类。这些领域的管理活动，需要进行计划、组织、指挥、协调、控制和创新等。

在体育管理的职能中，最重要的是计划。计划就是规划、策划，对整个体育活动领域进行全面的规划和策划，确定各体育活动领域做些什么，怎么做。体育活动，特别是社会体育和学校体育，涉及的人数多、范围广，一般要动用较多的人力、物力，是一个系统工程，因此事先一定要有详细、周密的规划和策划，选取最好的实施方案，这就是计划的过程。计划过程要较多地利用体育管理学的一些理论、技术与方法。管理者制订出计划以后就要组织和实施，这就需要有指挥、协调和控制等方面的能力。尤其是各体育领域中的主管部门领导，他们是各体育

---

① 钟天朗. 体育经营管理：理论与实务 [M]. 上海：复旦大学出版社，2010.

领域活动的策划者，要面对不同人群、体育市场、体育信息、体育政策及更加复杂的体育工作环境，开展各项体育管理活动。

四、学习体育管理学的价值

体育管理学是管理科学的一门分支学科，它是20世纪50年代前后管理科学与体育科学交叉、综合而产生的一门新兴学科。随着我国体育事业的发展壮大，体育管理学在体育事业发展中的作用更加突出。学习体育管理学对于今后体育经营、体育管理有许多好处。因此，为了做大做强我国体育产业，使我国从体育大国转向体育强国，我们要认真学习体育管理学。

体育管理学的理论会为我们打开一扇窗，开阔了我们的视野，对我们其他专业的学习，以及今后的工作、生活给予理论指导。学习体育管理学对我们来说是非常必要的，也是非常实用的。

体育管理学以多门学科作为学科基础，研究的是体育这一社会现象的运行和演化规律，旨在为体育事业的协调发展提供决策方案。体育管理既要管理运动员的训练过程，也要管理运动器械等方方面面。体育管理学课程的重要性是随着管理学课程在大学普遍兴起而逐渐变得重要的。研究管理学课程的人很多，主要因为管理学立足企业发展的需要而得到大学的重视。随着企业不断地成熟与完善，管理学的研究和教学内容就变得更加丰富。体育管理学的发展历史还比较短，如果再根据不同国家的体育发展体制来说，更体现出了迥然不同的差异化。学生学习体育管理学的基本任务就是用哲学的观点探讨当前社会体育管理活动的规律性，用科学的方法总结体育管理活动的经验，用务实的态度追踪国际体育管理发展的前言[1]。

作为一个体育类专业的大学生，我们学习体育管理学的意义是什么呢？

①学生学习体育管理学后，能够以科学的管理理论和方法来加强对体育实践的指导，并在实践中不断充实、完善体育管理学的理论体系，是加快体育改革、开创体育工作新局面的需要。

②学生学习体育管理学后，能够促进体育工作的科学化和有序化进程，是提高体育管理效率、取得最大效率的需要。

③学生学习体育管理学后，能够增强体育管理者的素质，提高决策和管理能力，是建设一支高素质、高水平的体育管理者队伍的需要。

---

[1] 胡爱本.体育管理学导论[M].北京：高等教育出版社，2004.

案例分析：泰勒与他的"搬生铁实验"

泰勒出生在美国费城。1874年，他考入哈佛大学法律系，不久，因眼疾辍学。1875年，泰勒进入费城恩特普里斯水压工厂当模具工和机工学徒。1878年，他转入费城米德瓦尔钢铁公司（Midvale Steel Works）工作。泰勒从机械工人做起，历任车间管理员、小组长、工长、技师等职，他在该厂一直干到1890年。1881年，泰勒开始在米德瓦尔钢铁厂进行劳动时间和工作方法的研究，这为以后创建科学管理奠定了基础。1898—1901年泰勒受雇于宾夕法尼亚一家钢铁厂进行咨询工作，完成了著名的搬运生铁实验。

当时，工厂里的生铁由一组计日工搬运，每个工人每天可以挣到1.15美元。工作期间工人们可能得到奖励，也可能受到惩罚，做得好的人第二天就可以到公司车间里做等级工，工资也要高一些，做不好的当然就得继续干这种重体力活。泰勒从统计资料中看到，当时平均每个工人一天搬运铁块的重量在12~13吨。泰勒想通过实验的方法找出如何提高工人搬生铁的效率。第一步工作是找到合适的工人。他们用4天时间，观察和研究了75个人，从里面挑选出4个人，然后又从4个人中选定了来自宾夕法尼亚的荷兰人施米—施米特是一个十分自信的工人。泰勒用金钱激励他，每天给他1.85美元，条件是必须按他要求的那样去搬运生铁。泰勒与他的助手们在研究中，试着转换各种工作因素，以观察它们对施米特的日生产率的影响。他们还试验了行走速度、持握的位置和其他变量，从中获取数据，比如，从车上或是地上把生铁搬起来需要多长时间；带着所搬的铁块在平地上走，每米需要多长时间；带着所搬的铁块沿着跳板走向车厢，每步需要多长时间；把生铁扔下或者堆放起来需几秒钟；空手回到原地，每走一米需要多长时间等。试验结果让泰勒万分振奋：如果对工人进行训练，把劳动时间和休息的时间很好地搭配起来，工人每天搬运生铁的重量，可以从原来的12~13吨，提高到48吨，而且，负重时间只有42%，其余时间是不负重的，工人也不容易疲劳。当然，工人工作效率提高的同时，工资也提高了70%，达到每天1.85美元。工人的积极性大大提高，实现了工厂和工人的双赢。

泰勒把他的这项实验归结成为四个核心内容：第一，精心挑选工人；第二，诱导工人，使之了解这样做对他们没有丝毫的损害，反而可以从中得到利益；第三，对他们进行训练和帮助，使他们获得完成规定工作量的技能；第四，按科学的方法去干活能节省体力，事半功倍。泰勒对管理学最大的贡献就是把科学引入了管理。从方法的角度看，科学管理的实质恰恰在于它在方法上的变革。泰勒在研究管理学过程中发现一种矛盾，在当时美国的企业中，由于普遍实行经验管理，由此造成一个突出的矛盾：就是资本家不知道工人一天到底能干多少活，但总嫌工人干活少，拿工资多，于是就往往通过延长劳动时间、增加劳动强度来加重对工人的剥削。而工人，也不确切知道自己一天到底能干多少活，但总认为自己干活多，拿工资少。当资本家加重对工人的剥削，工人就用"磨洋工"消极对抗，这样企业的劳动生产率当然不会高。泰勒认为："一个人所从事的工作越简单，越便于考核，也就便于监督和激励，工作效率也就越高。"在这个背后，有一个简单的假设，不仅每个组织在追求利益最大化，每个人也在追求自己利益的最大化。如果能精细分工，每个人就能追求自己利益的最大化。如果每个人都能追求自己利益的最大化，生产率也就获得了最大化。首先接受泰勒科学方法的体育管理者是布兰奇·里基（Blanche Ritchie），他把泰勒的管理方法运用于棒球技能的教学和运动员的管理上。他花费了无数时间研究棒球技战术，进而完善跑垒、击球、防守和接球的技术方法，最终改造了几个职业棒球队，确立了20世纪30年代圣路易斯红雀队的冠军地位，以及20世纪40年代晚期到20世纪50年代布鲁克林道奇队的强大。

第二节　体育管理学的性质

一、管理的性质

在学习体育管理学的性质前，需要了解管理的性质。管理的性质分为两种：一种是自然属性，一种是社会属性。

（一）管理的自然属性

马克思在《资本论》中指出："一方面，凡是有许多个人进行协作的劳动，过程的联系和统一都必然要表现在一个指挥的意志上，表现在各种与局部劳动无关而与工场全部活动有关的职能上，就像一个乐队要有一个指挥一样。这是一种生产劳动，是每种结合的生产方式中都必须进行的劳动"[①]。

管理是伴随着人类社会活动而产生的。人类的任何社会活动都必定具有各种管理职能。一群人共同劳动需要有人组织协调，就像一个乐队需要一位乐队指挥，说明管理是人类社会活动的客观需要，人类社会活动需要"指挥"。管理也是由

---

① 夏禹龙. 学习马克思关于管理性质的论述[J]. 科学学与科学技术管理，1983（3）：15.

社会分工所产生社会劳动过程的一种特殊职能。管理中有一部分人专职各类管理工作，他们不直接从事物质产品或精神产品的生产，而担负一种特殊职能，即协调人们的活动，这也是管理的客观需要。管理是一种资源，管理能提高效率，因此管理也是生产力。

管理的上述性质是不以人的意志为转移的，也不因社会制度、意识形态的不同而有所变化，完全是一种客观存在。实际上，管理的自然属性，是与生产力、社会化大生产紧密相连的。

（二）管理的社会属性

马克思指出，"凡是建立在作为直接生产者的劳动者和生产资料所有者之间的对立上的生产方式中，都必须会产生这种监督劳动。这种对立越严重，这种监督劳动所起的作用也就越大"[1]。

管理中有一个实质性的问题，即为谁管理的问题。管理从来就是为统治阶级、为生产资料占有者服务的，它是一定社会生产关系的反映。即使今天，资本主义企业管理的社会属性已经多元化了，但是从本质上并没有改变资本的剥削性和独裁性。在社会主义社会中，企业管理也实行多元化，但全民所有制与集体所有制仍占主导地位，其管理都是为人民服务。

管理的二重性，体现着生产力与生产关系的辩证统一关系，把管理仅看作生产力或仅看作生产关系，不利于管理理论和实践的发展。

二、体育管理学的性质

（一）体育管理学的交叉性

体育管理学是用管理科学的知识来观察和解决体育领域的问题，表现为管理科学与体育科学的交叉。因此，体育管理学具有管理科学与体育科学的双重属性，是一门交叉性边缘学科。

就其认识论而言，体育科学体系中各个层次的众多科学理论，是构筑体育管理学认识论的主要基础。同时，管理科学也对体育管理学认识论的构建提供了必要的补充。管理科学为体育工作者提供了观察、认识和解决体育领域问题的全新视角，改变着人们对体育现象的传统看法，丰富着体育管理工作者的认识论体系。体育科学的认识论体系，与管理科学的认识论体系进行有机的交叉后，构建出体

---

[1] 马克思. 资本论 [M]. 北京：北京出版社，2007.

育管理科学的认识论体系。

就其方法论而言，现代管理科学体系中不同层次的科学理论、方法和技术，都可以为体育管理学提供借鉴，它们构成了体育管理学最基本的方法论基础。与此同时，也必须看到，体育是人类一项特殊的实践活动，有其不同于其他领域的特点。人类在体育实践过程中总结出来的，对体育实践行之有效的管理方法，如对场地器材的管理、运动训练的管理等，是主要对工业和企业进行管理的现代管理理论所不具备的，它表现为管理科学与体育科学的有机交叉与融合。

必须指出，不论是认识论体系还是方法论体系，都应该强调的是体育科学和管理科学的有机交叉与融合。体育管理学的建立，不是将管理学的知识全盘移植到体育领域，也不是体育科学和管理知识的简单堆砌。只有那些适用于体育领域，能够提高体育管理效率的管理学知识，才能成为构建体育管理学的原料。任何生搬硬套管理学原理和方法的做法，都是不可取的。

体育管理学是现代管理科学在体育领域的应用学科，是部门管理学。现代管理科学和现代体育学的有机交叉融合，既是体育管理学的基本范畴和理论体系建立的基础，也是体育管理学的发展趋势。

（二）体育管理学的综合性

虽然体育管理是一种人类社会的实践活动，但仅用社会科学的知识来解决体育管理问题显然是远远不够的，还必须借鉴自然科学、社会科学、思维科学、人体科学、心理科学、系统科学等众多领域的研究成果。只有综合运用多个学科的知识，才能揭示和反映出体育现象的复杂规律，才能取得满意的效果。例如，对体育场馆、器材的管理，追求的是如何利用最少资源取得最优效果的过程，显然要借助于现代信息技术等自然科学的知识；对运动员训练过程的管理，则应该以运动训练学、运动人体科学的研究成果为基础；而对运动员运动智能的训练管理，又应该参考心理科学的最新进展；体育管理的目标是追求"1+1>2"的整体效果，而这显然又是系统论的研究范畴。因此，从这个意义上来讲，体育管理学是一门综合性科学。

（三）体育管理学是一门软科学

体育管理学研究的是体育系统的运行和演化规律，它研究如何协调人力、财力、物力等各种资源，借助管理方法、管理手段等充分发挥其潜力，以便创造和谐的管理气氛和发挥集体力量，取得最大的效益。体育管理学具有软科学的基本特点，属于软科学的范畴，但并不是说体育管理学只对软系统问题进行研究。在体育管理学的研究范围内，既有对体育课教学过程的管理，也对运动训练过程监控等"软系统"的管理。因此，体育管理学作为软科学，也应该具有"硬功夫"。

三、体育管理学的研究架构

学科体系是指一个学科的内部框架，它体现了一个学科内部各个组成部分的相互关系，以及凭借这些关系而构成区别于其他学科体系的总体标志。一个完整的学科体系不仅要体现其有关的构成内容，而且还要阐明构成部分的内在联系。体育管理学作为一门综合性的应用学科，从20世纪80年代以来，我国体育管理学的基本框架由两大板块组成，即体育管理基础理论部分和体育业务管理理论部分。前者包括体育管理的原理、职能和方法等，是管理学理论在体育领域的延伸；后者包括体育管理体制、学校体育管理、社会体育管理、运动训练管理、运动竞赛管理、体育科技管理和体育产业管理等内容。基础理论部分约占体育管理学内容的40%，体育业务管理部分约占60%。

管理理论部分大都是借鉴管理学的一般理论，主要侧重于知识的介绍，吸收了企业管理和行政管理的一些理论，因此更多成分是体现在姓"管"方面，而管理实践方面则注重于姓"体"。在体育管理学刚刚创立之时，这种学科体系还充分体现了我国社会主义体育管理的基本要求，对促进我国体育管理事业的发展，培养适应社会主义体育事业发展所需的体育管理人才起到了重大的推动作用。对于依靠经验进行管理的中国体育事业走向科学化、规范化，体育管理的作用非常重要。

四、体育管理学的研究对象与方法

（一）体育管理学的研究对象

体育系统是一个庞大、复杂的系统，它存在于社会系统的大环境中，受到社会环境中各种因素的影响与制约，同时也以自身的力量影响着社会系统。体育事业的发展，是建立在社会、政治、经济、文化系统的发展之上的，表现出一定的滞后性。随着人类物质文明的不断进步和人们对包括体育在内的非物质文化需求的不断膨胀，体育不断从分散、自发的"小体育"状态向自觉、集中的"大体育"状态过渡，并以其独特的社会普适性（不分男女老幼、不分社会地位）、国际性（不分国界)、参与性(亲身参与)及陶冶情操的教育性(培养集体主义、爱国主义情感等)等特点而成为人类社会中全球性的、规模最为巨大的文化现象之一。现代体育之所以取得如此重大的成就,是与人们不断探索体育系统的管理规律、对体育系统进行科学管理分不开的。

体育管理学,作为一门独立的学科,必然有它自己的研究对象。科学研究的区分,就是根据科学对象所具有的特殊的矛盾性来开展的。因此,对于某一现象的领域所特有的某种矛盾的研究,就构成这门科学的对象。体育管理学的研究对象就是研究体育管理活动的基本规律和一般方法的科学。体育管理规律是构成体育管理学内容体系的依据和基础。体育管理学的内容,一般应阐明学科的基本概念和学科的发展,剖析体育管理系统的构成要素及其相互关系,揭示体育管理系统运行中必须遵循的基本原理、原则、基本职能,管理客体正常运行的要求与程序,控制主要体育业务工作的计划、组织等。

体育管理是一种特殊的管理现象,其特殊性在于体育涉及男女老少、社会各个阶层、社会的各个行业,其内容丰富多彩、形式多种多样、方法灵活多变。一方面,现代体育又是一门综合性的学科,现代体育的发展离不开社会科学、自然科学的发展,特别是最新科学技术的发展。另一方面,现代体育已发展成为全球性,具有高超技艺性、陶冶情操,具有教育性的规模巨大的文化现象之一。面对如此广阔的体育领域及纵横交错的复杂关系,如果不去研究体育自身的发展规律,还想把体育管理好,提高其综合效益是难以想象的。因此,体育管理学是研究体育管理活动规律的学科。

体育管理规律是构成体育管理学内容体系的依据和基础。体育管理学是研究体育实践中组织的管理活动规律的学科,其主要目的就是要发展一种协调现代"大体育"复杂过程中人们行为的理论和方法,使人们在体育目标实现中获得较高效益。

体育管理学是体育科学与管理科学中的一门交叉性基础学科。它是在总结体育管理实践历史经验的基础上,研究体育管理活动规律的科学。它不是各类学科简单相加的产物,而是对这些学科科学的概括和抽象。体育管理学的研究内容,一般应阐明学科的基本性质及历史发展,剖析体育管理系统的构成要素及其相互关系,研究体育组织的结构设计、运行机制及组织变革,揭示体育管理系统运行中必须遵循的基本原理与方法、体育管理的基本职能,指明体育管理客体(体育资源)正常运行的基本特征、管理要求及具体管理方式等。

(二)体育管理学的研究方法

从宏观角度出发,根据研究活动的特征和认知层次,体育管理学方法可以分为经验方法和理论研究;根据研究对象的规模和性质,体育管理学方法可以分为战略研究方法和战术研究方法;以研究方法的规则性为依据,体育管理学方法可以分为常规方法和非常规方法;按方法的普遍程度不同,体育管理学方法可以分为一般方法和特殊方法;根据研究手段的不同,体育管理学方法可以分为定性研究方法和定量研究方法。体育管理学的研究方法主要包括以下几种:

1. 唯物主义辩证法

唯物主义辩证法是研究和学习管理学的最基本的方法论。管理学产生于管理的实践活动,是管理经验的科学总结和理论概括。因此,研究和学习体育管理学,必须坚持实事求是的态度,深入管理实践,进行调查研究,总结实践经验。在学习和研究中还要认识到一切现象都是相互联系和相互制约的,一切事物也都是不断发展变化的。因此,必须运用全面的、历史的观点,去观察和分析体育管理学。

2. 系统法

在一个组织中,它的每个要素的性质和行为都将影响到整个组织的性质和行为,这是因为组织内的各要素是相互联系、相互作用、相互影响的,而且组织作为一个整体是各要素的有机结合而构成的。这种具有特定功能的有机整体,本身又是它从属的一个更大系统的组成部分。因此,在进行管理时,就要考虑各要素之间的相互关系,考虑每个要素的变化对其他要素和整个组织的影响。这种从全局或整体考虑问题的方法就称之为系统法。体育组织的系统性、管理活动的系统性决定了系统法对体育管理学研究的适用性。任何体育管理都是对一个系统的管理。体育管理系统法的具体内容包括整体分析、结构分析、层次分析、相关分析及环境分析。

3. 历史法

历史法是以过去为中心的研究,通过对已存在资料的深入研究,寻找事实,然后利用这些信息去描述、分析和解释过去的过程,同时揭示当前关注的一些问题,或对未来进行预测。历史法既可以定性研究,也可以利用定量资料。它与其他定性研究一样,关注一个真实情况中的自然行为,它着重于解释在具体背景中的行为有何意义。但历史法不同于其他研究的是,历史法本身并不创造数据或事实,而是力图发现正以某种形式存在的数据或事实。历史法是一种很有价值的研究方法，表现在，通过历史法获得大量史实，能为现实决策提供信息，且有助于理解现实问题，这就是"以史为鉴"的含义。历史法对于预测未来趋势也十分有用，它可以预示什么是可能的，什么是不可能的。历史法可以提供我们避免重复犯错的信息。列宁说过："忘记历史就意味着背叛。"因此，历史法很有意义。有人把历史法的贡献概括成四个字"期望"和"预防"，这是极有道理的。历史法区别于其他研究方法的独特之处在于，它探索资料而非制造资料。因为过去的变化已经发生，人们无法改变、操纵历史。

4. 实验法

实验法的核心是在对无关变量进行严格控制的条件下，操纵自变量，系统观察因变量因此而产生的变化，探索自变量和因变量之间的因果关系。这种研究范式使得实验成为唯一能够帮助科学家确定因果关系的有力工具[①]。

5. 调查法

调查法是通过各种途径，间接了解被试心理活动的一种研究方法。调查法总体上易于进行，但在调查的过程中往往会因为被调查者记忆不够准确等原因使调查结果的可靠性受到影响。调查的可能方法与途径是多种多样的。在体育社会调研中，最常用的调查方法主要有问卷法、访谈法及个案法等。

6. 比较法

比较法是一种自然科学或社会科学的研究方法，是对物与物之间和人与人之间的相似性或相异程度的研究与判断的方法。比较法可以理解为是根据一定的标准，对两个或两个以上有联系的事物进行考察，寻找其异同，探求普遍规律与特殊规律的方法。例如，长跑和短跑的区别很多，比如它们的技术动作不同，它们的能量代谢方式不同、恢复方式不同。

7. 理论联系实际法

理论联系实际法，即是指有具体案例的调查和分析，边学习边实践，以及带着问题学习等多种形式。通过这种方法，有助于提高学习者运用管理的基本理论和方法去发现问题、分析问题和解决问题的能力。同时，还应以探讨研究的态度来学习，通过理论与实践的结合，使管理理论在实践中不断地加以检验，从而深化认识，发展理论。

8. 定性分析法

定性分析法与定量分析法相对，是对事物的质的规定性进行分析研究的一

---

① 张力为. 研究方法在制约我们的追求吗？——阅读《体育科学》2003 年社会科学论文的联想 [J]. 体育科学，2005（4）：74-80.

种科学分析方法。定性分析法现已成为自然科学、社会科学,以及软科学普遍采用的基本研究方法。定性分析法的主要内容是判断事物具有何种属性(特性及其相互关系),以便把某一事物与其他事物区别开来。为了更深入地认识事物的质,还要判断事物由哪些要素组成,以及这些要素在空间上采取什么样的联系和排列组合方式。社会科学研究中的定性分析法还包括功能分析和因果分析。通常对研究对象所进行的分类,也属于一种定性分析,既可以依据质的不同进行分类,又可以把同质的事物或现象归成一类。尽管定性分析法的形式多种多样,但也有共性之处。它们除了依据具体的经验知识和理论知识外,还必须以唯物辩证法作指导,以便实现辩证的分析。

9. 定量分析法

定量分析是一种古已有之但是没有被准确定位的思维方式。定量分析法就是通过统计调查法或实验法,像自然科学那样建立研究假设,收集精确的数据资料,然后进行统计分析和检验的研究过程。定量分析的优势相对于定性分析很明显,它把事物定义在了人类能理解的范围,由定量而定性。

体育管理学科的交叉性,使其研究方法多元且复杂。当然,除了唯物主义辩证法、系统法、历史法、试验法、调查法、比较法、理论联系实际法、定性分析法与定量分析法之外,体育管理学还使用诸多其他研究方法。需要指出的是,任何体育管理学的研究方法都不是独立的、分散的,如体育管理学的研究就常常将定性分析法与定量分析法结合起来使用。在现实应用中,需要通过研究对象有针对性地选择最合适的研究方法,并综合使用各种研究方法,做到研究方法服务于研究内容。这样,我们才能更清楚地分析体育管理的现象,发掘体育管理的本质。

案例分析:发展公共体育需建设与管理并重

《广州市体育发展第十三个五年规划》提出,到2020年全市国民体质测定标准合格率继续保持95%以上,人均体育场地面积超过2.5平方米。为此,广州将开展建设15个市级、66个区级体育产业功能区,并将统筹全民健身设施整体布局,构建"一主、五副、网络化"的公共体育设施均等化格局,逐步形成"城市10分钟体育圈"等规划。或许,对普通市民来说,一大堆的数据略显抽象,但可以预料,随着该规划的付诸实施,今后将有一批批新的体育设施建设起来,必将更加方便居民健身和参与体育活动。在"请人吃饭不如陪人流汗",运动和健身逐渐从时尚变为人们基本需求的年代,重视公共体育建设与发展,可谓既得民心又顺应时势,是件值得称道的好事。

然而,在《新快报》这则新闻见报的同时,另一则报道同样令人关注——说广州一些社区健身设施老化,零件丢失,"带病"运行易伤人。有的则管理缺位,人为损坏严重,而且维修更新慢,发生故障或损坏后长时间得不到修理。这不仅影响居民的使用,也造成一定的安全隐患。而且确曾发生过居民因使用"带病服役的"健身器材造成肢体受伤的事件。凡此种种,对未来的公共体育设施建设显然是个有力的警示。当越来越多的体育器材设置于街道、社区和健身路径时,管理如何能跟上?如何让体育设施的建设与管理相得益彰,令其发挥更大功效?这些都是值得深思的问题,这不仅关乎健身设施自身的使用效率及寿命,更关乎公众安全。而且,在更高更广阔的层面,作为公共体育事业,管理还有着更为丰富的内涵。

应当承认,许多健身设施由于设置在开放式的露天环境里,加之免费自助使用,其本身的损耗难免比较大,如果管理与维护再跟不上,只会加速其损坏和淘汰的进程。近年来,羊城的许多公共场所与社区,设置了健身设施,成为城市的一道风景线。但也应看到,有些设施并未充分发挥效应,有的是选点不太科学,位置较偏,人流太少;而更多的则是由于缺乏及时的维护与管理,损坏后无人过问而遭废弃。或许,在一些人看来,建设和投放体育设施这是看得见摸得着的"形象工程",但不能不说,一旦这些设施被毁弃,"缺胳膊少腿"地立之街头,那实在是很糟糕的"形象工程"。有人批评这是"重建设轻管理",可谓一语中的。可以说,只顾"面子"而不管"里子",只注重上项目搞建设,但对后续管理却不上心甚至根本无人问津,这也是许多公共设施建设的通病,因此必须在早期规划中就严加防范。

实际上,无论公共体育还是全民健身,设施的投入只是第一步,也可以说是"基本配置"。当"基本配置"建起后,后续的科学管理就显得至关重要。目前在大多数社区,"全民健身"还基本处于自发或"自生自灭"状态。能否在科学配置公共体育设施的基础上提供精准服务,全面激发居民健身和体育运动的积极性,进而活跃社区体育活动,提升居民整体的运动和健康素质,关键还在于"管理",即对群众体育活动的组织。在这点上,恰好是当下许多地方最为欠缺的。

第三节　课后习题

（1）管理是什么？管理的必要性体现在哪些方面？
（2）体育管理的概念是什么？体育管理学的概念是什么？
（3）体育管理学与管理学之间的关系是什么？
（4）体育管理学的形成受哪些因素的影响和制约？
（5）体育管理学的学科结构组成是什么？
（6）我国体育管理学内容结构体系发生了哪些变化？
（7）简述为什么要学习体育管理学。
（8）体育管理学的研究对象是什么？
（9）体育管理学的研究方法包括哪些？在实际中如何应用？

第二章　体育管理学原理与方法

原理是自然科学和社会科学中具有普遍意义的基本规律，是在大量观察、实践的基础上，经过归纳、概括而得出的。原理既能指导实践，又必须经受实践的检验。体育管理学原理对体育管理的理论指导有实际意义，体育管理学方法对于体育管理实践有重要价值。本章对以人为本原理、系统整合原理、关键要素原理进行了分析，对体育管理学的方法体系、体育管理学的方法分类等问题进行了阐述。通过学习本章，同学们可以理解体育管理的基本规律，掌握体育管理的各种方法。

第一节　体育管理学原理

一、以人为本原理

以人为本即把人当作宇宙万物之本，是一种哲学思想、一种执政理念、一种行动指南，是对以神为本、以物为本的批判和超越，也是对人的价值的一种回归与尊重[1]。现代管理者要想达到好的管理效果必须遵循人性的发展，与此同时，管理者的行为在一定程度上能够体现管理者的人性。任何组织的人力资源情况都是组织发展的关键，在制订制度、奖惩办法、管理措施的时候，管理者不能仅仅思考管理行为所产生的经济效益，也要考虑管理行为对于组织员工的身体健康、精神健康是否起到正向作用。

案例分析：麦格雷戈的 X-Y 理论

X 理论和 Y 理论（Theory X and Theory Y），管理学中关于人们工作源动力的理论，是由美国心理学家道格拉斯·麦格雷戈（Douglas McGregor）1960 年在其所著《企业中人的方面》一书中提出来的。这是一对基于两

---

[1] 前线评论员. 论以人为本[J]. 前线，2020（9）：46.

种完全相反假设的理论，X理论认为人们有消极的工作源动力，而Y理论则认为人们有积极的工作源动力，即麦格雷戈的人性假设与管理方式理论。

X理论是麦格雷戈对把人的工作动机视为获得经济报酬的"实利人"的人性假设理论的命名。主要观点为：

第一，人类本性懒惰，厌恶工作，尽可能逃避；绝大多数人没有雄心壮志，怕负责任，宁可被领导骂；

第二，多数人必须用强制办法乃至惩罚、威胁，才能使他们为达到组织目标而努力；第三，激励只在生理和安全需要层次上起作用；

第四，绝大多数人只有极少的创造力。

因此，企业管理的唯一激励办法，就是以经济报酬来激励生产。只要企业增加金钱奖励，便能取得更高的产量。因此，这种理论特别重视满足职工生理及安全的需要，同时也认为惩罚是最有效的管理工具。麦格雷戈是以批评的态度对待X理论的，指出：传统的管理理论脱离现代化的政治、社会与经济来看人，是极为片面的。这种软硬兼施的管理办法，其后果是导致职工的敌视与反抗。

他针对X理论的错误假设，提出了相反的Y理论。Y理论指将个人目标与组织目标融合的观点，与X理论相对立。Y理论的主要观点：

第一，一般人本性不是厌恶工作，如果给予适当机会，人们喜欢工作，并渴望发挥其才能；

第二，多数人愿意对工作负责，寻求发挥能力的机会；

第三，能力的限制和惩罚不是使人去为组织目标努力的唯一办法；

第四，激励在需要的各个层次上都起作用；

第五，想象力和创造力是人类广泛具有的。

因此，人是"自动人"。激励的办法有：扩大工作范围；尽可能把职工工作安排得富有意义，并具挑战性；工作之后引起自豪，满足其自尊和自我实现的需要，使职工达到自己激励。只要启发内因，实行自我控制和自我指导，在条件适合的情况下就能实现组织目标与个人需要统一起来的最理想状态。

（一）以人为本原理的概念

现代体育管理需要弘扬以人为本的管理观念。体育不只是发挥人体机能的最大潜能，使人的身心得以全面发展，更是要升华人的价值观念。体育的发展要自始至终贯彻以人为本的原理，体育管理才会拥有可持续发展的能力。体育管理的人本原理就是一切体育管理活动都以调动人的主观能动性、积极性和创造性为根本原则,使全体人员明确整体目标、个体职责及二者之间的相互关系,积极主动、有创造性地完成工作职责。在现代体育管理学中,物质是基础,人才是核心。组织只有满足了人的需求,才能实现管理的目标。

案例分析:松下幸之助的经营理念——永不裁员

松下公司的做法极富典型性,非常引人关注。松下幸之助尊重职工,处处考虑职工利益,还给予职工工作的欢乐和精神上的安定感,与职工同甘共苦。1930年初,世界经济不景气,日本经济大混乱,绝大多数厂家都以裁员、降低工资、减产等方式以求自保,百姓失业严重,生活毫无保障。松下公司也受到了极大伤害,销售额锐减,商品积压如山,资金周转不灵。这时,有的管理人员提出要裁员,缩小业务规模。但是,因病在家休养的松下幸之助并没有这样做,而是毅然决定采取与其他厂家完全不同的做法:工人一个不减,生产实行半日制,工资按全天支付,与此同时,他要求全体员工利用闲暇时间去推销库存商品。松下公司的这一做法获得了全体员工的一致拥护,大家千方百计地推销商品,只用了不到3个月的时间就把积压商品推销一空,使松下公司顺利渡过了难关。在松下公司的经营史上,还曾有过几次危机,但松下幸之助在困难中依然坚守不忘民众的经营思想,使公司的凝聚力和抵御困难的能力大大增强。每次危机都在全体员工的奋力拼搏、共同努力下安全渡过。松下幸之助也赢得了员工们的一致称颂。古语云:"得人心者得天下。"只有真正俘获了人心,员工才会为企业的发展死心塌地地工作。在企业管理中多点人情味,有助于培养员工对企业的认同感和忠诚度。企业对员工的人文关怀会令企业在竞争中能无往而不胜。

(二)以人为本原理的应用策略

1. 强化人本管理思想理念

目前,企业管理想要将人本原理应用到实际管理过程中,这就需要企业领导者、决策者对于人本管理理念有正确的认识。在此基础上,深入理解人本管理理念的内涵与外延,使人本管理思想在企业的发展中起到正向的影响作用,保证企业能够留住足够多的人才,并且为拥有充足的后备人才资源做准备。当今社会,企业想要得到良好的发展,就必须要有人才的支撑。换句话说,人才是企业发展的核心动力。从宏观和长远的角度来看,人才在企业中所起的作用还是关键的,人才的匮乏与流失极可能导致企业发展不稳定。因此,企业的管理层人员就需要提升自身的管理观念,对人本思想理念进行更新,从而使得企业管理方法能够得到创新，为企业的发展储备优秀的精英人才奠定基础。

2. 革新人本管理体制

为了更精准有效地实施人员管理，让人才发挥最大的作用与价值，企业需要根据实际情况对组织结构进行创新改革，以跟上时代的步伐。同样，人才的管理机制也需要创新，从全方位激发员工的工作热情与积极性，全面提高企业生产效率，最大限度地提升企业的经济效益与社会效益。另外，企业管理者还应该完善组织机构，做到在组织中充分体现人本管理的理念，与此同时，企业领导可以根据信息时代的特点，为企业组织机构中信息的传递提速，保障企业的高效运转。值得注意的是，企业的工作与人事随时可能发生变动，管理人员需要根据实际情况与员工特点，对人员的岗位和职责进行适当的调整，以此让具有潜力的员工能够更好地表现自己的优势，推动企业的可持续发展。

3. 加强员工培训

团队力量是企业中不可小觑的硬实力，企业必须重视团队建设，注重培养员工的凝聚力。团队建设良好的企业可以提高员工的合作力。员工若齐心协力、全身心地投入工作，就可以在提高工作效率的同时，增加了企业效益。因此，要想发挥人本原理在企业管理中的作用，需要加强企业的团队管理。此外，需要通过培训的方式向员工传授优良的理念，使他们树立正确的价值观，让员工在工作和生活中对于自己的言行举止进行约束与控制，对于员工自身发展大有裨益。企业领导人与决策者在践行人本管理的原理时，需要做到以下两点：第一，简化组织机构的分层，给企业内部团队足够的机会展现自己，简化审批的流程，提高工作效率，推进公司制度化管理；第二，对于员工的培训要讲求针对性和有效性，应该根据员工的特点为员工制订合适的职业规划，让员工看到良好的发展通道和自我实现的保障。企业在提升员工综合素质的同时，也激发了他们的工作热情，为企业进一步的发展提供了可能。具体到实际中，可以结合企业和自身的特点，不断提高个人技能。例如，企业开展拓展训练，营造和谐的企业氛围。企业还可以通过加强员工的交流、举办讲座、开展活动等举措，促使员工形成团结一致的思想理念，由内而外地影响员工的思想，化解企业内部矛盾，可以明显地增加团队的战斗力，为企业更好的发展奠定基础。

（三）以人为本原理的具体实施

企业管理随着社会的发展已经发生了翻天覆地的变化。在以人为本的原则下，企业管理以事务为中心逐渐转向以人员为中心；原来主要强调企业的规矩与纪律，而现在更多地注重员工自我管理；以前企业以监督式的管理为主，而现在企业以自主式的管理为主，管理人员在管理过程中重视"以人为本"，采用民主而非独裁的领导方式。例如，允许部分员工参与公司的决策会议，让员工在企业中拥有一定的投票权与话语权。管理者处处为员工着想，用平易近人的态度与员工交流，在重大事项决策前进行集体讨论和民主评议。领导实施监督时不搞个人化和特殊化，人人平等、相互监督。如此一来，员工能够感受到上级的温暖与关怀，愿意信任上级领导，也愿意为企业做贡献，从人文关怀的层面帮助企业取得更好的成绩。

在以人为本的理念下，公司制订目标，能够让员工的权、责、利分工明晰。自上而下的目标管理能够让企业各部门制订相应的目标，从而建立全面有效的目标体系。企业员工紧密围绕在目标体系周围，明确分工、厘清职责，使得企业的每一名员工都朝着企业的总目标努力，让员工清楚地看到自身目标与企业目标是相辅相成的关系，明白自身的实际工作价值，让员工能够关心企业目标，如此才能把全体员工的精力集中起来，完成企业的总体目标。与此同时，也应该让员工参与到目标管理中来，这样能够体现出上级领导对下属员工的重视，愿意和他们进行协商与交流，侧面推动企业稳固地发展。让员工参与目标管理，一方面，可以加强员工对于企业目标的了解；另一方面，也可以解决意见不统一的问题。让企业所有人员都参与目标管理是对员工个人的尊重，同时也充分发挥了各级人员的主观能动性。员工感受到自身拥有话语权，就会站在企业的角度思考问题，进而调动员工的积极性，发挥员工的创造性。

案例分析：足球名教里皮的"走训制"

里皮在广州恒大淘宝足球俱乐部（以下简称恒大）改集训制为走训制。集中管理是中国专业体育的特色，而走训制是欧美职业俱乐部普遍采取的管理方式。2009年恒大请李章洙执教，看中的就是李章洙的铁腕管理能力，但李章洙的集中管理思路，对处在中甲和中超起步阶段的恒大来说还能适应。在李章洙任教的时期，这位"铁帅"每天晚上11点查房。只要队员不在队里，他就要对队员罚款，以此确保球队的战斗力。在中超至今，这种管理方式仍不止恒大一家。里皮到任后，恒大将球队的权力全部交给了里皮，这结束了中国职业俱乐部多年来饱受诟病的管理模式。这位世界足球名教的第一件事就是实行全走训制。每周最多训练5天，基本模式是三四天。每周末联赛后，里皮给球员放一天假，有时甚至是1天半或2天，即便每周只有三四天的训练，每天训练课只有1.5小时到2个小时，而且他不安排较大的训练量。如果是主场比赛，他只要求球员赛前一天回到酒店休息，比赛结束后，球员可以回家。他不会干涉球员的其他个人事项，球员也不需要回到宿舍统一住宿。在业余时间，里皮甚至要求球员有其他事情可做，其目的是保持球员们对比赛的兴趣和动力。这种做法是欧洲职业足球俱乐部采取的训练方式。

那么，里皮坚持的这套训练理念，能够保证恒大球员的训练质量吗？能够相信球员们依靠自律管理好自己吗？里皮衡量的标准简单而明确，谁达不到比赛要求，谁就靠边站，球队上下一视同仁。即便是队内"最大牌"的孔卡，只要里皮认为其状态不好，也会在半场被换下。在与国安队的一次比赛中，姜宁打进一球，有一个助攻，但因为他在后面比赛中防守不到位，也只踢了37分钟就被里皮换下。里皮带来的新观念给全队震动很大，之后恒大队员在场上都会积极参与防守。

二、系统整合原理

中国著名学者钱学森认为：系统是由相互作用、相互依赖的若干组成部分结合而成的，具有特定功能的有机整体，而且这个有机整体又是它从属的更大系统的组成部分。

（一）系统整合原理的概念

系统是各部分以特定的方式组合而成的，这与部分的总和不同，部分及部分的总和不能作为系统。系统需要部分之间相互作用、补充、制约才能产生，也就是管理学当中常见的"整体大于部分总和"。系统整合原理能够检验系统的整体性，体育系统整合原理是体育管理主体从整体的角度，科学把握系统运行的规律，运用系统的管理方法、手段，实现体育系统目标的过程。

（二）系统整合原理的特征

1. 系统整合原理的附属性

世间万物的存活与发展都依赖着内部环境与外部环境。内部环境与外部环境的变化通常会引起内部系统的非平衡状态。因此，内部系统需要对内部环境与外部环境时刻进行调整才能保持一个稳态。企业部门的人力资源管理的外环境是经济管理，因此人力资源管理必须适应经济发展，并和经济体制的变化和发展同步。从系统整合原理出发，人力资源管理的制度与政策若和经济发展不搭调，不但不能激发企业内部的积极元素，还会对企业内部产生不良的影响与消极的作用，阻碍生产力的发展。综上所述，各个层级的企业管理者必须重视以下问题。

(1) 人力资源管理制度明晰

现代管理新常态下，以往的人力资源管理制度已经不再全部适用，企业管理者一定要摒弃不适应新时代的人力资源管理办法，尽早并快速地构建一套与当前市场经济相契合的人力资源管理制度。

(2) 人力资源管理改革内容

人力资源管理是一个整体系统。人力资源管理系统讲求的是有机的组合、合理的规定、明确的条款及科学的结构。在人力资源管理系统改革的过程中，首先，需要加快改革的进度。比如，建立行政队伍的作用是对国家的政策条例有着充分的认识，通过对政策的研究与解读为企业提供管理的基础。其次，需要管理综合配套的改革，必须建立科学健全的企业人力资源管理体制，确保员工晋升渠道畅通、薪酬待遇合理、人才引进可行的优化机制。再次，努力探索适合当今管理理念的企业管理者制度，要不断培养管理者的能力和素养，构建合理的企业领导队伍，内部培养、外部引进稀缺人才，找到适合现代企业发展的用人途径。最后，还需要全面挖掘人力资源，建立完备充足的人才市场，鼓励人才合理流动，采用合理构建、优化整合的方式激发人才的潜力。

(3) 人力资源管理改革办法

人力资源管理改革办法多样。企业的高层管理者需要制订周全的人力资源管理战略规划，进行详细的部署，再制订人力资源管理改革办法的同时，做到跟进检查，不断调整。企业的人事部门需要完善企业的人力资源管理办法，积极调研、汇总信息并及时上报。这样一来，企业就形成了自上而下的改革体系，经过不断的探索与实践，寻找最优的人力资源管理改革办法。

2. 系统整合原理的整体性

系统是很多具体的元素按照既定的结构组成的有机结合体，系统局部间的联系性会产生整体大于部分之和的特殊效应。在现代管理体系当中，局部的管理与整体的管理有着密切的联系，并且相互影响。局部管理和整体管理产生的效应不一定完全一致，局部管理所产生的优势也不一定适用于整体管理，只有整个管理体系的各个局部元素相互促进，局部管理服从于整体管理，整体管理才可能达到最理想的结果。

正因为整体性的特点，在系统规模扩大的情况下，系统整体原理的优势会越加明显。在众多的经济管理的理论当中，出现得比较多的划分方式是宏观管理与微观管理系统。就整体性的表现而言，宏观管理系统要明显强于微观管理系统。中国经济发展的终极目标是实现共同富裕。因此，仅仅是部分地区实现富裕并不能真正达到终极目标，而是实现单一的目标。中国的经济发展目前处于建设上升期。我们必须充分考虑系统整合的特性，促进经济全面发展。首先，重点发展沿海经济，然后逐步由沿海经济促进内地经济。其次，发展东部经济，再用东部经济带动西部经济的发展。如此，让局部的优势逐渐扩散为整体的优势，实现全面富裕，实现中国特色社会主义的最终目标。

微观管理也有整体性的体现。比如，人力资源管理不是单个部分的管理，除了外部的影响，内部结构也存在一定的相互作用，形成相辅相成、不可分割的关系。我们将人力资源管理的职能进行分解，不难看出人力资源管理是自上而下的网状结构。在系统整合效应的影响下，网状的职能结构各显其才，才能充分发挥局部对整体的贡献，达到局部、整体共赢的效果。然而，有的企业的部门领导往往容易忽略这一点，在制订决策的过程中缺乏全局的观念和长远的考虑，使得系统整合原则的缺失。

（三）系统整合原理的具体应用

系统整合原理功效的发挥要看系统的结构组成。企业对员工的管理应注重群体结构的合理性。企业的部门结构合理，就可以通过部门领导、优秀员工帮扶还在成长中的员工，大家组成一个相对优秀的整体，从而表现出整体大于部分的原理。

企业员工个体间是有不同差异的。从某种程度上讲，员工之间的差异还可能非常大，但是企业管理者必须意识到每个员工都各有千秋，从他们的身上总能找到有利于工作开展和企业发展的闪光点。比如，有的员工具有较强的研发能力，有的员工具有较强的组织和协调能力，还有些员工善于沟通，也有的员工好学、肯干等。上述差异的存在是必然的，但企业管理者必须对此有着透彻的理解，不能过分地要求所有的员工能力完美。俗话说得好"人无完人"。企业管理者需要去发现每个员工的长处，通过精心挑选、合理搭配的科学管理方法，将不同能力的人员组合在一起，成为一个整体。企业管理者绝不能依靠单一的淘汰法则，而是需要接纳个体差异做到人尽其才，通过互补效应，最终实现企业整体功能的优化。

企业管理者在人员组合与分配的过程中需要精准互补，才能做到有效的整合。第一，员工之间应做到知识互补。员工的专业理论学识、专业技术能力、思考方式不尽相同，不同专业的人更容易进行头脑风暴，产生思想的火花，产生优化的方案，进而力保决策的行之有效。第二，员工之间应做到能力互补。企业中人才济济、各有千秋。企业管理者一定要善于发现每个人的长处。比如，有些员工对于经营管理比较在行，有些员工的强项是外联、公关，还有的员工擅长市场开发与营销。管理者一定要做到将他们有效整合，发挥最大的能力。第三，员工之间应做到气质互补。一个企业不能全是血气方刚的员工，也不能尽是优柔寡断的员工，员工的气质类型多样化才能达到较好的沟通效果。企业既要有敢做、敢想、敢当的管理者，也要有脚踏实地的员工，也需要有足智多谋的策划者。第四，员工之间应做到年龄互补。企业员工的年龄分层要适度合理，才能搭建良好的人才梯队。企业要有资历深厚的老员工，也要有精力充沛的青年人。合理的年龄梯队能确保人才队伍不断层。这往往也是企业成功的要素之一。第五，员工之间应性别互补。企业中最忌讳的就是性别单一。例如，企业全是男性职员，很容易出现硬碰硬的情况；若企业全是女性职工，又容易导致企业的狼性精神不足。因此，企业员工的性别比例需要均衡。企业应充分发挥女性员工的细腻、温柔的优势，也要展现男性员工的果敢、坚毅的性格。

三、职责原理

（一）职责原理的概念

职责是指任职者为履行一定的组织职能或完成工作使命所负责的范围和承担的一系列工作任务，以及完成这些工作任务所需承担的相应责任。从企业狭义的范畴讲，职责主要是员工在从事岗位工作时所需要承担的责任，即岗位职责。岗位职责是对工作的形象描述。不同类别的职务需要承担的岗位职责也不一样。企业单位在创造效益的过程中，需要不断激发员工的潜力，同时也要提高管理的效率。这个时候，每位领导都需要深入思考一个问题，即如何对员工进行合理的分工。职责原理作为管理学的基本原理之一，指的是在企业的生产经营活动中，员工必须合理分工，明确责任，做到责、权、利相结合。科学分配每个员工的任务与职责是企业创造效益的重要因素。

案例分析："人多力量小"的困局

法国农学家迈克西米连林格尔曼(Maximilien Ringelmann)的"拔河"实验中，2人组的合力是个人的95%，3人组的合力是个人的85%，8个人一组的合力却只有个人的49%。这项实验证明了群体力量的总数低于单个力量的总和。林格尔曼将它解释为"责任分散"现象。他得出的结论：人多力量小。在企业管理过程中，也经常会出现这种1+1<2的情况，因此，管理者需要员工的职责分工明确，避免

责任分散，用强化职责的方法，对团队采取共同奖励或共同惩罚的激励手段。

（二）职责原理的特征

1. 职责明确

职责明确是明确分工的前提。职责的具体体现就是在工作的数量、工作的质量、工作的时间、工作的效益等方面进行严格的行为规范。

2. 权限合理

企业中每一个职位都有着它特定的含义与责任。权限的划分一定要依据职责。无论是领导，还是员工，都要对所做的工作全权负责，其中需要将权限划分清楚，需要将利益分配清楚，需要将责任区分清楚。

3. 奖惩分明

企业在创造效益的过程中会涉及员工的奖惩。企业对于积极奉献、为企业创收的员工要予以一定的奖励，对于消极怠工、对企业造成负面影响的员工要进行适当的惩罚。总而言之，无论是"奖"还是"惩"，都应讲求公平、公正，并且要及时到位。奖罚分明对于提高员工工作热情、激发员工潜力有十分的帮助，也为企业进一步增加效益打下基础。

合理分工是职责原理实施的基础。职责分工不合理会导致员工工作开展混乱。投机取巧的人会选择避重就轻，而踏实肯干的人则会超负荷工作，有时管理者很难分配工作，致使工作效率低下。在合理分工的基础上，企业还要明确任务，工作的分配就是在进行任务的分配。工作任务分配得清楚，自然就不会让投机取巧的人有"空子钻"，这样实干的人才会感到平衡，够激发他们的工作热情，也能够唤醒他们的责任感。当然，工作分配清楚则需要员工对各自的工作负责，也就是承担相应的责任，这也是职责原理的最明显的特征。

（三）职责原理的具体应用

职责划分是对工作中的各项职责进行科学划分。职责划分的初衷是预防工作中某部分员工未能执行所分配职责的投机行为。职责原理的主要特征是所有人或者部门都无法操控任意一部分的组织责任分工。在职责原理的应用中，各个员工和部门间可以实施交叉检查或控制。从操控的方面看，假使员工在履行应有职责的过程当中，由于某些原因产生了错误或者是投机行为，而内部控制又很难发现这种不良的投机行为，那么这些职责就是不相容的。如果企业遇到了不相容的职责，就必须对其进行清晰的职责划分。因此，在企业构建内部控制制度的时候，需要首先找出不相容的职务，然后必须要明确不同部门和机构的职责权限，使部门人员之间能够相互监督、制约，形成良好的制衡机制。

1. 职责划分合理

职责原理的应用首先需要对职责合理划分，需要对照工作的关系的密切程度，划分出直接、间接责任，或者是事前、事中、事后责任。比如，我们在学校体育的管理中，授课的体育教师对于体育教学的组织、安排与实施负有直接的责任，以及事前、事中的责任，学校的教务处富有间接责任及事后的责任。另外，学校对于职责的划分不能口头划分，需要通过书面文件的方式进行规定，也就是我们所说的学校体育管理涉及的条例内容，包括体教、运训、场地、器材的责任管理。

2. 职责与能力要相适应

企业部门中，员工是否能够担当起应有的职责，完全要看这个员工的能力是否达标。当然，有时候也取决于员工的职位大小和薪酬高低。但是，个人能力还是决定性的要素。能力可以分为很多种，如业务能力、交流能力、决策能力等。拥有不同能力的员工应该承担不一样的职责，安置在不一样的职位，发放不一样的薪酬。职责原理不单单体现出了管理的科学，同样也显示了管理的艺术。企业领导需要科学合理地对不同能力的人员划分职责，并将他们放到最适合自己的工作岗位上。职责原理同样适用于管理者，不同能力的管理者具有不同的知识、能力，如管理理论、法律知识、专业知识、技术能力等，企业管理者将充分利用自身的能力与知识对企业员工进行合理领导。

3. 权责均衡

职责与权利是不可割裂的关系。当企业部门明确了某名员工的职责后，自然就赋予了该员工相应的权利。管理者要做好对管理五要素的支配与使用，根据职责均衡的原理，管理者更好地履行义务和责任。当个人或部门在履行权利的过程中，需要承担一定的责任风险。管理者在承受责任风险的时候，就会考虑风险与效益的均衡，然后才会考虑要不要冒这个风险。在管理的实际案例中，有时候会出现上层把责任下放给下层，但是下层却拒绝接受的情况。究其根本原因，就是权责不对等、风险收益不匹配。因此，在明确职责、赋予权利的时候，也要讲清楚风险，更要说明白风险所带来的利益。当然，这里所指的利益包括实际的物质利益，也包括精神层面的荣誉褒奖。

案例分析：比埃尔霍夫的领队责任

奥利弗·比埃尔霍夫（Oliver Bier Hoff），1968年5月1日出生于德国卡尔斯鲁厄，德国前职业足球运动员，司职前锋，效力于德国男子足球国家队。2004年，比埃尔霍夫受尤尔根·克林斯曼 (Jürgen Klinsmann) 的邀请出任德国国家队领队。此外，他还曾作为德国申办 2006 年世界杯的形象大使在国际足联供职，退役之后拥有工商管理硕士学位的他曾供职于耐克公司。他拥有丰富的市场营销经验，在德国国内，他也被看作是最具有领导才能的领袖人物。比埃尔霍夫先后与克林斯曼、勒夫合作无间。

德国国家队领队比埃尔霍夫近日接受了《踢球者》杂志的专访。在被问及 2020 年工作合同到期后是否会续约时他表示："我们目前还没有就此具体商谈，但是我不认为会有什么阻碍。"这位年近 50 岁的、曾经的欧锦赛冠军队成员在 2004 年同克林斯曼，以及当时的国家队助理教练勒夫一起开始为德国足协工作，担任国家队领队一职，从而开启了德国足球复兴的征程。他表示自己现在仍然对国家队的工作充满热情，希望继续推动德国足球的发展，他说道："和以前一样，我觉得参与推动德国足球的发展对我来说是一项伟大的挑战"。在比埃尔霍夫的倡导和推动下，德国足协将在法兰克福建设耗资超过 1 亿欧元的德国足协足球学院。此项目意在将德国足球保持在世界顶级水平。他的成就是大家有目共睹的。（此案例改编自新华社德国频道，德国国家队领队比埃尔霍夫：愿继续为德足协工作）

四、动态变化原理

世间万物都会因内部的因素和外部的环境而产生改变。动态是特指事物变化发展的情况，比如，艺术形象在展示过程中表现出活动的神态，又如运动技战术在比赛中所表现出的瞬息万变。现代体育管理需要应对新形势不断进行动态性的调整，才能取得良好的管理效果。

（一）动态变化原理的概念

动态变化原理认为管理是一个动态过程，是管理人员与被管理人员共同达到既定目标的活动过程。管理学的五大关键影响要素：人、财、物、时间、信息。当时空发生变化的时候，这些影响要素也会随之改变。管理学当中的动态变化原理不是单一的变化，它不仅是管理主体的变化，也是管理客体的变化，可以是管理制度的变化，也可以是管理方法的变化。另外，企业组织的目标和管理的目标也在时刻发生变化，所以管理绝不是一成不变的。有效地管理需要根据管理的实际情况，因地制宜地调整管理策略。动态变化原理需要管理者避免僵化、陈旧的思想，要求他们思维活跃，能够站在创新观念的最前沿。动态变化原理主要包括：

①动态适应原理,即管理者采用变化的管理理念、管理行为,以及管理方法去适应不断变化的内部因素和外部环境,做到管理主客观间的动态适应与协调。②弹性原理,指管理对象系统的内部因素和外部环境是不断变化和发展的,管理者从事管理工作需要保持应变能力、进行动态管理的行为准则。③反馈原理,也就是在管理的过程中,管理者运用信息、数据的实时反馈,灵活调整控制管理,保证原先的管理目标能够实现。

(二)动态变化原理的应用

1. 动态弹性管理

所谓弹性,就是物体在外力的作用下形变的恢复能力。企业管理中动态变化原理体现得最明显的就是动态弹性管理。动态弹性管理是指当内部因素和外界环境发生改变,为达到管理目标,管理者调整管理策略的过程。比如,企业管理的结构、企业管理的制度、企业管理的程序,以及企业管理的标准在一定程度上需要调整,能够适应多元的环境变化,也要随着时间与地点的迁移自我调整。管理者应利用动态变化原理,最终实现预期的管理目标。

企业在进行动态弹性管理的过程中很重要的一点就是要多留余地。弹性是有一定的限度的,凭这个弹性的限度,能够把管理的弹性区分为局部弹性和整体弹性。局部弹性是在任何管理中必须有可控的弹性,特别是在至关重要的部分留有充分的余地,而整体弹性则是整个管理系统的塑造性和适应性。局部弹性是整体弹性的基础,没有局部弹性,就不可能产生整体弹性。企业部门施行弹性管理可以保证部门体系的各个部分可以在一定程度上进行调整、配合,也能够让部门体系可以随着内部因素和外部环境的变化而产生适应性。

弹性管理分为很多种,如计划弹性管理、制度弹性管理、时间弹性管理及劳酬弹性管理等。弹性管理可以提升企业员工的工作热情。但是,值得注意的是,弹性管理制度一旦实行,就需要贯穿始终,否则就会让员工产生消极心理。另外,不论是计划的提出还是制度的制订,都必须要在方案上保持适当的弹性,以便各部门、各员工能够有及时调整的可能性。在计划实施的过程中,管理者应该根据不同环境、条件的改变对初始的计划进行调整,不断补充、不断积累、不断完善并在必要的时候采取特殊手段,以确保计划顺利地实施。在设置组织机构时,管理者要充分考虑人员配备的适度弹性,在做出决策的时候也要尽可能地准备好备选方案,灵活处理、机智决断。另外,在管理控制的关键环节,一定要保持变换性和调整性,唯有把弹性管理落地,才能更能好地发挥动态原理的优势。

2. 动态创新管理

创新本身就是一个动态性的名词，它要求进步、要求改变。企业组织必须不断地创新，特别是在信息飞速发展、经济快速增长的新时代。一旦企业感受到了市场的变化，那么企业的创新能力将是决定其能否继续存活下去的关键。企业早已离不开创新的管理方式，创新是企业生产竞争的法宝，一成不变则意味着消亡。当然创新不仅要运用到企业发展中去，在企业的管理中也是必不可少的要素。建立创新管理的体系可以确保管理创新的有效执行。创新的管理体系主要包括以下两个方面。

（1）管理观念创新

管理者的管理观念是企业组织的灵魂，管理者要树立由内向外的创新意识，充分发扬创新精神，方可让企业员工保持活力。管理观念的创新是保持企业组织可持续发展的前提，要把过去成功的管理理念转化为时代的理念，就像海尔公司的一句座右铭："没有成功的企业，只有时代的企业。"目前大部分企业都是参照过去成功的管理模式、管理经验制订管理决策，但是时代在进步、环境在变化，凭以往经验做出的决定并不一定适应当代的情况和要求。企业要充分了解市场的需求，搞清楚客户到底需要企业做什么，时代到底需要企业改什么。

案例分析：海尔的创新管理理念

海尔企业追求卓越的创新意识，使其由一个名不见经传的小厂成为"中国制造"的代名词。其创新意识主要有：一是形成先卖信誉后卖产品的品牌意识，即产品不仅有知名度和信誉度，还必须有美誉度——消费者有口皆碑，为提高产品的市场占有率创造条件。二是树立有缺陷的产品等于废品的质量意识，就是说有缺陷的产品不存在着等级问题，而按常规，有缺陷的产品可分为二等品、三等品、等外品出厂销售。海尔员工反其道而行之，曾以砸烂76台有缺陷的冰箱为代价，"树立了"零缺陷的质量意识，使企业获得了长足的发展。三是强调"用户永远是对的"与星级服务的服务意识，即：以用户满意为目的，使用户放心、安心、舒心。为此，海尔实施了"心桥服务工程"——在全国29个城市设有统一的咨询电话，实行24小时服务。用户只需打一个电话，就可以得到海尔产品在开发、制造、售前、售中、售后、回访6个环节问题的详细解答。这种不断追求卓越的创新意识，促成了海尔企业名牌战略的形成，为海尔企业的长远发展打下了良好的基础。

（2）管理制度创新

管理制度创新能够让企业发展充满活力，企业管理制度具有整合功能，能够有效地将资金、人才及技术整合起来，所以管理制度创新在管理创新体系中扮演着基石的角色。管理制度创新是要摒弃、改变现有的管理原则和管理规范，以适应新环境下的情况。究其实质就是用新的管理制度代替老的管理制度，从而推进企业组织的发展。制度想要发展必须坚持创新，所有执行的制度规定都要有新思想、新内容、新方法的体现，始终坚持更新和发展的动态原则。通过实际调研，把某些过时的、不适用的制度进行变更和重组，制度创新在这个过程中就显得尤为重要。企业制度创新有很多内容，比如企业产权制度的创新、企业管理者创新，以及企业管理制度创新等。

案例分析：国家游泳队引入动态管理模式

体育管理方面较为代表性的案例，即国家游泳队引入动态管理模式。为备战伦敦奥运会，国家游泳队引入高度动态管理模式。将队伍分为常驻北京集中训练的核心队伍、分散在各地训练的国家队队员和具有发展潜力的年轻集训队，三支队伍的人员构成并非一成不变，而是实行动态管理，主要依据训练和比赛成绩作为升降的标准。中国国家游泳队在运动训练管理中结合传统的高原训练手段与海外训练模式，培养出一批批顶尖的青年运动员。

第二节　体育管理方法

一、体育管理方法体系

体育管理方法是管理方法的分支，随着全球一体化，我国不断引进国外先进的体育管理方法，对体育企业的发展有很大的帮助，但是层出不穷的方法过于分散，管理者难以去规整和总结出哪些方法适用于自身发展，这为实际管理的推进造成了一定的困难。这时候，如何为广大管理者提供方便、适合的选择就需要构建一套科学、完整的体育管理方法体系。

（一）体育管理方法体系的概念

体系，泛指一定范围内或同类的事物按照一定的秩序和内部联系组合而成的整体，是不同系统组成的新的系统。企业管理活动强烈的综合性与复杂性，注定其方法的多样性。有效选择适合的管理方法可以提高生产力的发展水平、生产关系的协调性及管理原则的科学性。由于前文提出的体育管理的动态特征，因此每个管理方法都不是十全十美，因此需要利用体系优势整合各管理方法要素，达到企业有效管理的目的。企业管理方法体系是多种不同的企业管理方法按照一定秩序和内部联系组成的相互影响、相互制衡的一个整体。

（二）体育管理方法体系的特征

为保证体育管理方法体系的合理性并确保其发挥科学的作用，体育管理方法体系应该具备以下特征。

①体育管理方法体系内容的完整性，即体育管理方法体系内容应该涵盖体育管理中有价值、值得推举的所有方法。

②体育管理方法体系内容的正确性，即体系中所有管理方法都能够经得起理论的推导和实证的检验，对体育管理方法的概念、特征、类型及应用的描述正确到位。

③体育管理方法体系结构的科学性，即体育管理方法体系中各个方法能够按照既定的要求组成一个整体，能相互配合并完成预期目标。

④体育管理方法体系功能的优化性，即体育管理方法体系所提供的方法工具能够满足有针对性的任务和目标，充分体现其功能性优势。

二、体育管理的方法分类

（一）经济效益法

俗话说经济基础决定上层建筑，企业运营最基本的目标就是用最小的投入获得最大的经济效益。企业管理方法中，经济效益法是最常见、也是最有效的管理方法。经济效益法是依据客观经济规律，应用经济手段调节体育系统中的利益关系，充分利用人的经济心理所采用的经济管理方法。管理效益法根据不同的经济原则有所差异，比如利用员工的薪酬、企业的税收、部门的资金、银行的利息等作为经济手段杠杆，调节、控制部门组织或者人员的行为活动，提高工作效率，促进企业的发展。经济效益的管理方法就是利用不同手段调节各方面的经济利益关系，有效协调个人与集体的利益关系，在保持集体利益的大前提下也提升个人的效益，最终达到双赢的互利局面。经济效益管理方法适用于物质生产服务的各个领域，同样也适用于知识生产领域。

经济效益管理方法的最大优势在于能够充分地激发企业员工的工作积极性，

由于关乎自身切身利益，所以管理方法一旦实施，就会收到被实施者的强烈回应。然而，经济效益管理方法也存在一些弊端，比如会导致一些唯利是图的人为了获取最大个人效益去损害他人的利益，甚至不惜牺牲组织的长远效益。另外，如果领导层面的公平缺失或是分配不均会导致经济收入悬殊较大，进而激化组织内部矛盾。体育管理中最常见的经济效益滥用表现在打假球、吹黑哨等行为当中。所以企业管理中一定要正确使用经济效益法，在鼓励员工追求经济利益的同时也要规范他们的行为，不允许在追求经济的道路上做出不利于他人和组织的事情，一定是要在顾全大局的前提下实现个人利益最大化。另外，企业在实施经济效益法的时候一定要处理好近期利益与远期利益的关系，要看得到当前实际的经济效益，也要以战略性看待长远利益。

案例分析：尤伯斯模式

1976年的加拿大蒙特利尔奥运会和1980年的苏联莫斯科奥运会都是"血本无归"，从而宣告政府出资主办奥运会模式的终结。到1984年奥运会时，居然只有美国洛杉矶一国申办。商人出身的美国人尤伯罗斯没有要政府一分钱，靠筹资的7亿美元，几乎是"单枪匹马"地筹办了洛杉矶奥运会，结果净赚2.25亿美元，开创了民间办奥运会的"尤伯罗斯模式"。

奥运会真正商业化的分水岭是1984年的洛杉矶奥运会。洛杉矶奥运筹备委员会1979年邀请金融人士彼得·尤伯罗思(Peter Ueberroth)担任了筹委会主席，当时，洛杉矶市政府禁止动用公共基金资助奥运会，其所在的加利福尼亚州又不允许发行彩票，因此奥运会组委会主席尤伯罗斯完全依靠民间力量，办的是一届"私人奥运会"。彼得·尤伯罗思依靠自己杰出的才能，吸引了30多名投资者，筹款7亿多美元。他采取的主要措施有：与企业集团订立资助协议，出售广播电视转播权和比赛门票，压缩各项开支，充分利用现有设施。并招募志愿者为大会义务工作。其中，ABC电视公司花费2.25亿美元买下了电视转播权，从而确保大多数比赛可以在晚上黄金时段播出。

（二）行政管理法

行政方法是指能够保证行政活动朝着预定的方向发展，达到行政管理目的的各种专门的方式、手段、技术、措施等的总称。它是管理活动的主体作用于管理活动的客体的桥梁。行政管理法出现得最多的还是在对国家事务的管理中，行政管理的特征明显，实效强烈。在实行的过程中一般以命令、指示、决策、规章及制度等形式出台，是由上级像下级下达的直接指令，不需要征得下级的同意，下级只能无条件服从,具有较强的权威性和强制性。

行政管理法最突出的优势就是管理效率极高,由于采用自上而下的垂直性管理方式,直接由上级向下级下达命令、指示,所以下级只能接受,能够省去反复讨论决策、议案的时间,效率很高。但是,这里要求企业中的行政机构设置合理,行政权限划分清楚,行政管理方法采用的当。因为所下达的指令不容讨论、商量,因此,下达前必须把所有的议程考虑得尽善尽美,不允许出现错误,以免导致严重后果。然后,行政管理方法能够很好地处理一些特殊、棘手的问题,由于行政管理能够将上层意思迅速传递给下属,因此在处理一些重大问题时就可以保证速度与力度。比如,运动赛场上临时出现的一些状况,通过行政管理手段发出指示特殊处理就能取得快捷良好的效果。同时,行政管理法也是实施榜样示范、过程监督、经济效益等管理办法的必要手段。

当然,企业领导者仍然不能忽视事物两面性的存在,即行政管理方法也是存在一些局限与缺陷的。第一,行政管理法往往是由管理者直接的拍板,因此具有十分强烈的主观性,而且也和管理者的领导水平有着直接的关系,在很大程度上依靠管理者的认知水平、领导艺术、道德情操等。管理者一旦出现决策性的失误或者是滥用职权,难免出现下级的将错就错,造成不良后果。第二,由于权力集中,管理的层次又多级复杂,所以从上向下传达指令的过程中可能出现延迟与失真,而且自上而下的管理可能导致横向的交流困难,下级领导直接受命于上级领导,但是考虑到行政管理的垂直性,下一级领导的实权可能难以体现。第三,行政管理方法主要是为了迅速达到企业目的,所以不会充分考虑员工能够获得的经济效益,也不会完全遵照等价交换原则,但是员工在实际工作中还是抱有一分劳作、一分收获的补偿心理,所以这里面可能存在下属付出与收获不对等的矛盾,因此行政管理法在实施的过程中可能会导致员工工作积极性的降低。第四,行政管理的决定权在上级领导,下属更多的是去接受与执行,所以下属的话语权很弱,这可能会影响下属的主观能动性,甚至是在思想上的懈怠,不利于管理的积极开展。

(三)过程监督法

过程监督是企业生产管理中不可或缺的环节,是管理过程的监控和跟进,也是企业管理的每一个环节进行常态化监督,从而使整条管理链形成良性循环。

首先,要对生产安全进行监督,任何企业部门的可持续发展都离不开安全这一要素,在生产线上实时监督,能够有效避免员工非规定操作带来的风险。特别是体育类企业,比如体育器材类企业就需要建立健全的安全制度,设立专门的值日安全员对生产现场做好管理。利用考核制度严格管理,加大安全管理力度,确保生产零风险。再如风靡全球的健身房、俱乐部等,应该将安全管理放在首位,坚决落实谁主管、谁负责的机制,坚决避免安全警惕神经疲劳,抱有侥幸心理等。时刻要求相关部门的管理人员保持高度的安全责任意识,并让所有生产活动都处于严格的监管之中。一旦发现风险隐患或不利于安全的因素则立马要求相应部门严加整改,最大限度地将安全风险控制在最低线。

其次,在确保企业生产安全监管的首要任务后,就应该将重心转移到企业生产质量管控上来。第一,要建立相应的质量保证体系,需要严格按照等级分配人力资源,形成统一完整的质量保证体系。第二,对于企业生产做好预先监控,也就是在企业计划实施前对生产质量进行预判,包括对于质量目标、质量计划、质量具体落实等方面的预先监控。通俗讲,就是把监管做到计划执行前,通过前期质量计划的制订确立后续的生产程序,以及生产中的具体方法等,达到理论先导进行过程质量管控的目的。第三,一旦企业计划进行到实施阶段,那么过程管控就要全面铺开,充分考虑各个管理节点的交互影响,找到科学有效的监督手段进行过程管控。第四,确保不同环节的监督和管理有效落实,比如日常监督、跟踪调查、专项检查、项目复查等,每一个质量监测环环相扣、缺一不可。只有对局部严加管控才能保证最后整体的质量,因此,管理监督法既是宏观的,也是微观的;既是局部的,也是整体的。

(四)榜样示范法

企业管理者既是一个组织的领袖、也是一个组织的典范,因此管理者在领导全体员工的过程中需要以身作则,为员工做出良好的表率,充分发挥示范作用。

第一,企业管理者要在思想上做好表率,管理者的思想觉悟是"风向标",他们必须讲原则、守纪律、谋长远、讲大局。领导的思想要适度开放,坚持以人为本、实事求是,时刻站在时代浪潮的最前沿,保持积极进取的精神状态,有正确的政治立场,思想上和党中央要保持高度一致,始终把企业的长远发展放在首位,戒骄戒躁。用精神引领员工艰苦奋斗、完成大业。

第二,企业管理者要不断自我学习,为员工起到带头作用。企业要求发展,必须要所有人员的综合能力持续提升,而自我学习是关键。领导刻苦学习、学以致用,利用表率作用营造企业学习的氛围,给下属员工营造一种知识缺乏的紧迫感,促使他们用知识武装头脑,努力提升自己的专业水平,最终将所学知识运用到专门领域，达到为企业做贡献的目的。

第三，企业管理者要树立良好的工作作风，对事尽心尽责、亲力亲为。时刻关心员工，维护员工切身利益，将心思放在如何为企业谋发展、为员工谋福利上，鼓励大胆创新、敢于真抓实干，时刻树立强烈的企业责任意识，在工作上为员工树立标杆。

第四，企业管理者要弘扬良好的领导作风，首先自身要做到公正廉洁、杜绝贪污腐败，不搞形式主义、官僚主义，为企业营造风清气正的良好环境。与此同时，要讲求民主和谐，对于企业员工要多鼓励、少斥责，平易近人，能够听取并适时采纳下属员工的建议，用诚心和爱心对待每一名员工，时刻做到公事公办，让光明磊落在各个部门中扎根发芽。

第五，企业管理者要保持良好的生活作风，虽然说工作和生活要分开，但是领导的形象无时无刻地会影响到员工。管理者不仅在工作上要风清气正，在生活中也要事事注意自身的言行举止。杜绝生活当中出现腐化问题，不做享乐主义者、严于律己、宽以待人、讲信用、不搞虚假。优秀的领导懂得如何交朋友，让自己的朋友圈子干净、纯洁，并且自觉接受组织和群众的监督。如此，树立良好形象才能让下属感受到企业中的正能量，通过榜样效应塑造企业的良好形象。

案例分析：成功企业家李嘉诚的自律

李嘉诚无论几点睡觉，都会在次日清晨6点起床，然后读新闻，打一个半小时的高尔夫，接着去办公室工作12小时。从李嘉诚早年开始创业到现在，他一直保持着两个习惯：一是晚饭之后，他一定要看20分钟左右的英文电视，不仅要看，还要大声跟着说；二是睡觉之前，他一定要看书。如果是非专业的书籍，他会抓重点看；如果是跟公司有关的书籍，无论多么枯燥无味，他也会坚持把它看完。李嘉诚的勤奋和自律，非一般人能比，他还把这种自律精神传递给更多的人。他在出席汕头大学毕业典礼致辞中提到"自律是铁杵成针的意志"，希望学子们怀着谦卑、感恩之心奋勇向前。

第三节　课后习题

（1）体育管理原理的概念是什么？体育管理原理的特征是什么？
（2）体育管理原理有哪些？体育管理原理如何具体应用？
（3）什么是体育管理的人本原理？
（4）什么是体育管理的系统整合原理？
（5）什么是体育管理的职责原理？
（6）什么是体育管理的动态变化原理？
（7）体育管理原理未来会发生什么变化？
（8）体育管理方法体系的概念是什么？体育管理方法体系的特征是什么？
（9）体育管理方法体系的分类有哪些？
（10）什么是体育管理的经济效益法？
（11）什么是体育管理的行政管理法？
（12）什么是体育管理的过程监督法？
（13）什么是体育管理的榜样示范法？

第三章　体育管理体制

广义的体制指组织方式或组织结构，狭义的体制指国家机关、企业和事业单位的机构设置、管理权限等。任何国家的体育管理体制都是以实现体育总目标为目的的。国家政府的管理体制和体育管理体制存在相应的联系。体育管理体制是国家政治制度的一部分。各个国家的体育管理体制都会因其政治因素、经济因素、文化因素，以及社会因素而体现不同类型和特征。

第一节　体育管理体制的内涵

一、体育管理体制的概念

从已有研究看，"体育管理体制"与"体育体制"的词频都相当高。从实质上看，二者存在一定的互通性，但是从规范的角度讲，二者又不能混为一谈。体育体制主要指国家组织、管理各类体育运动的各种机构、各项制度和规范的总称。而体育管理体制的概念是体育管理的组织机构的设置、管理权限的划分、运行机制等方面的体系和制度的总称。它是实现体育总目标的组织保证，也受国家政治经济体制的制约。体育管理体制的种类多样，如体育训练管理、运动竞赛管理、竞技人才培养计划、体育科研计划、全民健身实施计划、体育产业管理计划等。现代体育管理飞速发展，对于体育体制与体育管理体制需要有良好的界定和区分，对体育管理体制的认识也需要更多地考虑时代和创新的元素，对其概念和结构需要重新审视，才能更符合实际地完善我国体育管理体制。在体育大国向体育强国迈进的过程中，体育管理体制的发展必须注重多元性，无论是竞技体育还是群众体育，或是体育产业都需要协同发展。在重视学校体育的同时也要发展社会体育，扩展职业体育。在体育管理体制的作用下，大力提高国民健康水平，提升我国体育在国际社会的影响力。

二、体育管理体制的特点

（一）体育管理体制的根本性

不同国家和地区所应用的体育管理体制具有不同的特征和性质。体育管理体制一般可以划分为政府主导型体育管理体制、社会主导型体育管理体制及政府社会综合型体育管理体制。选择任意一种体育管理体制对国家体育事业进行管理都会对体育事业产生根本性的影响。比如，在政府主导型体育管理体制下，发展竞技体育就可以更为精准地达到夺标育人的目的，并且能够通过对竞技体育的集权管理，促进国家经济与社会发展。又如，社会主导型体育管理体制可以通过体育的市场化、产业化管理提升国民经济的发展水平。通过政府社会综合型体育管理体制发展群众体育，可以优化公共体育服务、完善公共体育设施，最终达到提高国民身体健康水平的目的。总的来讲，除了国家政治、经济等影响因素外，体育管理体制在国家体育事业发展中能够起到根本性的作用。

（二）体育管理体制的长久性

管理体制的制订需要前期大量的理论与实践的积淀，管理者不可能一拍脑袋就提出一个管理体制来。体育管理体制会受到政治、经济、文化等因素的综合影响。不论是国家的政治生态、经济体制、文化特征都不可能是短时间内形成的，所以国家体育体制在建设的过程当中一定是一个长期的过程。在体育体制形成的过程中，我们必须要考虑诸多问题，比如体育体制下国家体育事业的发展方向是什么，如何制订有效的体育发展目标，如何提出合理的发展步骤，以及如何进行机制运行等。与此同时，我们还要能够科学地协调竞技体育和群众体育的发展关系、学校体育与社会体育的发展关系等。体育管理体制的提出与完善必须围绕解决国家体育事业问题而开展，而且是可持续、长期性地解决体育管理的实际问题。

（三）体育管理体制的稳固性

体育管理体制的提出是长期性的过程。前期准备工作应扎实可靠，经得起理论推敲和实践检验。体育管理体制一旦提出，就不会轻易地改动，至少在短时期内不会产生本质性的变动。体育管理体制的提出受国家《宪法》和《体育法》的承认与保护，长期服从于国家政治体制并与国家经济体制相适应。体育管理体制的提出是因为其可以解决国家体育事业的关键问题，比如，计划经济时期提出的"举国体制"就是利用行政式的体育管理体制，充分发挥集中力量办大事的优势，在短时间内迅速提高了中国竞技体育水平。当然，对于体育管理体制稳固性的解读不能过于单一与片面，体育管理体制的稳固能够给体育组织的发展提供一个良好稳定的环境，但也不能一成不变。体育管理体制的完善与改革还要遵循因地制宜和发展创新的原则。国家机关发现当前的体育管理体制不能很好地适应社会环境时，就要对其进行调整和改革。当然这种变动不是即刻能够完成的，而是根据实际情况慢慢地调整，直到管理体制能够适应新环境、新变化。"举国体制"是从计划经济向"市场经济"过渡的变革就是一个很好的例子。

三、体育管理体制的影响因素

体育管理体制是结构设置、权限划分、运行机制等方面的综合组成，其影响因素也是错综复杂的。体育管理体制的影响因素主要包括国家的政治体制、国家的经济发展程度、体育自身的性质与发展程度及国家民族文化与传统等。

（一）国家政治体制的影响

国家政治体制的指示性与导向性是毋庸置疑的。体育管理体制的本质与发展方向受国家政治体制的影响最大。第一，体育管理体制是国家管理机构下属的重要分支，国家政治体制在体育领域的具体体现就是体育管理体制。第二，国家行使行政权力、对资源进行分配的方式决定了体育管理体制的组织架构。国家行政体制要求国家体育管理体制要无条件地适应国家的政治格局，服从国家行政的管理、配备等，使体育管理体制朝着国家所期望的方向发展。第三，一个国家的体育管理体制是否能够精准、有效地与国家政治体制对口、匹配与适应，也是检验体育管理体制是否科学、合理的重要标准。国家政治体制的改革也牵动着国家体育管理体制的改革。十四届三中全会召开以后，我国从计划经济体制向市场经济体制过渡发展，这为国家各项目、领域的改革提供了目标与方向。整个社会体制都发生了重大变革，体育管理体制也不例外。1993年5月24日国家体委（现国家体育总局）随即出台了《国家体委关于深化体育改革的意见》，这就充分地体现了国家行政体制对于体育管理体制的影响。

（二）国家经济发展程度的影响

国家经济发展程度决定了体育事业的发展程度。在中华人民共和国成立初期，国家生产力落后，人民群众主要还在解决吃饭问题，所以体育事业的发展也是极为受限。那个时候，想要依靠人民群众的力量发展体育几乎是不可能的。当时的体育管理体制与经济体制一样，都是实行的计划体制，由国家包揽一切事物。社会发展离不开经济的支撑，体育发展也是如此。国家经济的发展规模及发展程度直接或间接地影响着体育管理体制的运行模式。首先，国家的经济实力水平决定了国家对于体育事业的投入情况。只有经济"总盘子"大了，国家才会向体育事业倾斜。如果国家的总体经济资源紧张，保全体育事业发展的余地就不会太大。其次，国家经济发展程度影响着国民体育关注度与消费力度。人们对体育关注度与消费度提升了才会促使社会团体、组织、机构等对于体育市场的投入。最后，国家经济发展程度对于体育体制管理的方式方法也有影响。比如，国家在一个特定的时期，经济发展水平较低，那么从管理的实效出发，政府直接管理可能会好一些，这样也能减轻社会体育组织的负担。在国家经济发展程度较高的时候，体育经济的所占份额也会呈乐观趋势，这个时候只需要政府进行宏观调控，放权给社会体育组织，也有利于社会体育组织的自我治理与发展。

（三）体育本身发展的影响

如果说采用政治手段与经济手段对于体育管理体制加以影响是外驱力，那么体育本身的发展则是体育管理体制影响的内驱力。随着社会生产力的发展与科技的进步，我国体育事业也逐渐由薄弱转向了强盛，体育管理体制也日益完善，体育管理水平逐步提高。体育本身多元化的变革导致了体育管理的复杂性，与此同时体育管理体制也会受到不同程度的影响。比如，以前体育更多地体现出政治功能，即体育事业发展特别是竞技体育事业发展为国争光、彰显国力。那个时期，体育管理体制主要是对运动训练、体育竞赛、体育科研等事宜进行管理。随着国家综合实力的提高与市场经济的转型，体育产业、群众体育等逐渐兴旺起来，人民群众对于健身、健美等需求越发强烈，人们通过体育进行社交、娱乐的机会也越来越多，此时体育的经济、教育、娱乐等功能得以显现。这个时候，体育管理体制应该把管理的重心转移到群众体育上来，体育管理部门通过调控的手段让体育市场健康成长，并为国家和人民提供更优良的服务。因此，体育本身的发展也决定了体育管理体制的变革。

（四）国家民族与传统文化的影响

一个国家的民族与传统文化是国家精神文明的历史积淀，对于国家的管理体制，除了政治和经济因素的影响，文化也是一个不能忽视的重要影响因素，文化能由内而外地对管理体制进行影响。中国是具有上下五千年文化底蕴的泱泱大国，民族与传统文化根深蒂固，体育管理体制也深受其影响。优秀的民族与传统文化能够对国家的政治与经济发展起到推动作用，使社会得以良好的发展。民族与传统文化潜移默化地影响着国人的"三观"，对他们的思维模式与思考方式也影响颇深。比如，中国传统文化所蕴含的和谐、统一、中庸等思想会使体育管理者在体制管理的过程中重视大局、注重自治、提倡团结等，那么体育管理体制的运行也会朝着管理者内涵与思维的方式去发展。体制的变革也会受国家民族与传统文化的影响，我国传统文化趋向于温和、稳重，因此体育管理体制的改变一定是循序渐进的，而不是突变式的。比如，"举国体制"的改革就是一个渐变的过程，在保留以往体制的优势上，体育管理部门慢慢地融合当代市场经济的元素，最终完成改革路径。

第二节 我国体育管理体制的体系

一、我国政府体育管理体制的体系

在我国，中央政府设置了一个专门管理体育的行政机构，即国家体育总局。此机构全面管控国家的体育事业，专门制定相应体育政策、落实体育政策实施并负责体育资源的分配，而具体事物则交由社会体育组织承担。可以说，几乎全世界的政府部门都会在国家体育管理中扮演一定的角色，只是介入的方式和内容不同（表3-2-1）。当前，采用政府管理型的体育管理体制的代表国家相对较多。

表3-2-1 不同体育管理体制的对比

	政府管理型（集权型）	社会管理型（分权型）	综合型
管理机构	政府专门管理机构	社会体育组织	政府和社会组织共同管理
组织方式	权力高度集中，从宏观到微观进行能够全面管理	政府不设专门管理机构，对体育事务很少介入和干预	政府设有专门体育管理机构，或指派有关部门进行管理
运行机制	计划机制	市场机制	计划与市场相结合
约束方式	行政手段	法律、经济手段	行政、法律、经济手段相结合
代表国家	中国、俄罗斯	美国、德国	英国、澳大利亚、日本、韩国

（一）政府体育管理体制的特点

国家行政始终致力于全体公民的切身利益，而且对于体育政策的制定与实施有绝对的话语权、执行权，所以政府体育管理体制可以全面反映国家体育意志。

政府体育管理体制能够集合政府力量，以及社会力量完成国家体育总目标。当前摆放在体育领导者面前的一个问题：国家体育总目标是统一的，但是在实施体育管理的过程中涉及了很多管理主体，而这些管理主体又代表了不同的利益群体。如此一来，在体育资源与利益的分配上就会出现冲突，不利于团结，甚至会影响体育事业的发展，导致国家体育总目标无法实现。社会体育组织没有行政权威，不能对体育事业进行自上而下地垂直性管理，只有国家行政手段介入，才能有效地分配各方资源与利益，整合全国的社会力量，确保国家体育总体目标的达成。

案例分析：汉堡公投对申办 2024 奥运说"不"

11 月 29 日，汉堡及帆船比赛地基尔两地的 65 万人，就是否支持申办 2024 年奥运会和残奥会举行公投。结果显示，51.6% 的市民反对申奥。公投结束后，汉堡市长舒尔茨于当晚召开了新闻发布会。"汉堡将不会举办 2024 年奥运会和残奥会"，他颇为伤感地说"虽然我也希望市民会做出另一种决定，但结果很明确。"站在一旁的德国奥林匹克体育联合会（DOSB）主席霍尔曼的脸上也写满失望，"这本来可以成为德国体育的一个新起点，但现在失去了这个机会。"实际上，德国官方曾十分看好民众会支持申奥。今年 9 月的民调显示，有 64% 的汉堡市民支持申办 2024 年奥运会，德国媒体也普遍支持汉堡申奥，认为这是展示"德国新形象"的一次机会。

但在诸多原因中，最关键的还是奥运会的花费过于高昂。《明镜》周刊报道称，直到公投前，汉堡政府和联邦政府之间仍未就申办奥运会的经费问题达成一致。"对奥运说不"组织负责人罗特舒表示，"奥运会可能会给汉堡带来一场代价高昂的噩梦。"主办奥运会需要耗资 112 亿欧元，尤其是安保将会花费巨大。在申奥的材料中，汉堡提出的安全保障开支大概在 4.61 亿欧元左右，而 2012 年伦敦奥运会最终实际的安全保障花销高达 17 亿欧元。

德国上次举办奥运会还是 1972 年，主办城市是慕尼黑。2013 年，慕尼黑也曾举行公投反对申办 2022 年冬奥会。德国《每日镜报》评论说：这不只是汉堡市长的一场失利，也是整个德国的一场失利，是德国政治、经济和文化的一场失利。德国需要对这一问题进行深思。（摘自环球时报，汉堡公投对申办 2024 奥运说"不"市长脸上写满失望）

目前，国家体育事业主要致力于两个方面：一是保证竞技体育的发展，达到弘扬国家体育实力、彰显民族精神风貌的目的。二是推进群众体育的发展，达到提高公民身体素质、生活质量的目的。不论是竞技体育还是群众体育都是国家体育事业发展的重点，而二者目标的实现往往是通过政府支持而实现的。如果体育事业的意义上升到国家层面，那么社会组织与私人团体很难有财力、人力、物力来推进工作，而政府体育管理体制则能够集举国之力来完成体育公共事业的发展。但是，看似力量雄厚的政府管理体制也有自身的缺陷，比如可能形成行业垄断、降低社会组织的积极性、事务性工作膨胀及削弱宏观管理职能等。

（二）中国政府体育管理体制

中国的体育管理体制是典型的政府体育管理体制，而这种政府体育管理体制又被划分为政府专门体育管理系统和政府非专门体育管理系统。

1. 政府专门体育管理系统

专门体育管理系统是由各省、自治区、直辖市下属的体育局构成，体育管理系统就是体育局系统。国家体育总局直接领导下级单位的体育局，对下属体育局发送行政指令，实行最高领导。体育局的管理不仅限于局内，同时也包括对相关事业单位的管理。

2. 政府非专门体育管理系统

政府非专门体育管理系统不是国家体育总局的内部组织，是国家体育总局的外部管理结构。国务院所属各部委会设置专门的管理部门，比如教育部的体育卫生与艺术教育司对国家学校体育进行管理。国防部和国家卫生健康委员会对系统内的体育工作进行管理。有一些部委并没有设立专门的体育管理部门，但是有体育事业单位，比如各行业体协就是在所属部委的领导下开展工作、履行职责。

二、我国社会体育管理体制的体系

我国体育管理体制的体系以政府体育管理体制为主，但随着市场经济的发展与群众体育的发展，社会体育管理体制也在慢慢地崛起，从不同方面影响着我国体育事业的发展。我国社会体育组织的培育与管理研究还处于初创阶段，很多地方的体育组织发展得很不成熟，缺乏系统的理论支撑和运行机制。

（一）社会体育管理体制的特点

社会体育管理体制的系统与政府主导型有着本质的区别，在社会体育管理体制中，政府不会单设体育行政机构，政府部门的权利也不会干预体育的管理事务，给社会体育组织充分的空间发挥自己的管理效能。国家有关于体育政策的制定和实施、体育资源的配比与体育管理事务全权由社会体育组织负责。

（二）中国社会体育管理体制

从现实状态看，我国的社会体育组织主要包括三种类型：一是官方社会体育组织，如中华全国体育总会、中国奥委会等。此类组织虽然在章程中规定为"非营利性体育组织"，但实际是"体育行政机构"，掌握着一定的行政职权，目前不具备自治的基础和条件。二是半官方社会体育组织，如行业体育协会、中华全国体育基金会等。此类组织具有行政管理、行业自律管理双重属性，是我国重点改革的一类体育组织。三是民间体育组织，如群众体育社团、体育志愿者协会等。此类组织是真正的非政府体育组织，但面临发展的诸多矛盾，目前处于"优化升级"的改革阶段。

三、举国体制

"举国体制"是我国现行体育体制的有机组成部分，它特指具有中国特色竞技体育发展道路的系统制度设计。纵观我国竞技体育举国体制形成与发展的历史脉络，这一制度的基本含义为：以奥运会等重大国际赛事取得优异成绩为目标，以政府为主导，以体育系统为主体，以整合优化体育资源配置为手段，动员、组织社会力量广泛参与，在国家层面上形成目标一致、结构合理、管理有序、效率优先、利益兼顾的竞技体育组织管理体制。其核心是充分发挥社会主义制度能集中力量办大事的优越性，利用我国土地辽阔、人口众多的特点，把丰富的体育资源挖掘出来并充分利用，通过竞争和协同，提高中国竞技体育的整体实力，实现为国争光的工作目标。

（一）"举国体制"的由来

在计划经济的体制下，我国的各项事业均是"举国体制"下的产物。根据对国家体育总局部分老同志的访谈，"举国体制"大致是1984年洛杉矶奥运会之后，国家体委着手制定的奥运战略，一些领导同志在分析我国优势项目迅速崛起原因时提出来的。主要是指当时"一条龙"的训练体制、全运会赛制和国家队的长训制构成的竞技体育组织与管理方式。这种全国"一盘棋"的组织管理方式由于类似"两弹一星"模式，所以被形象化地称为"举国体制"。在这之后，"举国体制"

的提法经常被引用，并逐渐泛化为对整个体育体制的称谓。

（二）"举国体制"的利与弊

体育是各国之间政治、经济和科技层面上相互竞争的"冷战场"。有些国家想通过比赛显示本国的总体实力，更多的国家是想通过比赛让国际社会了解自己的国家。"举国体制"在计划经济时期与建立市场经济时期对于提高我国国际体坛地位，增强民族凝聚力、振奋民族精神和促进经济发展均发挥了积极的作用。然而，在市场经济体制下，"举国体制"出现了很多与经济和社会发展不相适应的问题。这些问题严重地制约了我国体育事业的可持续发展。即便如此，在今后一段时期内，"举国体制"仍将继续沿用并发挥其作用，原因有以下几点：一是为了最大限度地动员和整合全国力量，促进竞技体育持续发展；二是为了最大限度地利用人们已有的思维定式，保持和稳定人们在"举国体制"下形成的情绪和心态；三是"举国体制"具有一定的凝聚作用，已经有了一定的群众基础；四是承办2022年北京冬奥会政治需要，保持一个稳定的体育发展环境。

第三节 我国体育管理体制的改革

一、我国体育管理体制改革的原因

（一）政府的过度介入导致社会体育组织丧失自我发展能力

在计划经济时期，我国体育管理体制通过计划手段分配体育资源，通过行政手段管理体育。体育的"管""办"不分离，都是由政府来主导。"举国体制"的管理方式能够体现国家意志，集中力量快速发展体育运动，在竞技体育中也取得了理想的成绩。但是，政府行政力量的过度介入也存在一些缺陷，长期自上而下的行政管理容易产生一些不足。过分强调政府权力会导致体育管理主体缺乏多元化，进而限制了社会体育力量的进入与发展。由于体育资源分配权掌握在政府手中，社会体育组织就会因被动而丧失积极性和主动性，这样不仅会一直加重政府经费负担，也会导致社会体育参与力不足。政府部门的微观管理涉及过多的细枝末节，垄断式地管理运动员、教练员等人力资源、体育场馆、器材设备等物力资源，以及体育赛事、体育社团资源让本身处于弱势地位的社会体育组织更加丧失了自我发展能力,也严重制约了体育事业、体育产业的发展。

(二)体育管理体制的滞后导致群众体育需求供不应求

在"举国体制"的管理下,我国竞技体育水平突飞猛进,在政策的优势下很快在国际体坛中崭露头角。但是,随着社会的发展,群众体育意识不再停留在国家运动员为国争光层面,自我健身意识与提升竞技水平意识不断提高,而以往的体育管理体制并不能做出及时、准确的调整,导致与群众实际的体育需求不能得以满足。因此,体育管理体制在转型的过程中势必会在政治、经济、社会体之间产生一系列矛盾。群众体育和竞技体育本身是不可割裂的两个部分。竞技体育的发展促进了群众体育的参与,而群众体育的参与又为竞技体育的发展奠定了基础。我国的实际情况是,群众体育的发展远落后于竞技体育,这也正是受"举国体制"中优先发展竞技体育的管理理念的影响,国家在战略层面上重视大赛、重视金牌,在群众体育上没有投入足够的精力和财力,导致体育组织管理效果不佳,实际投入的体育服务与产品不能满足人们的体育需求。当然,体育管理体制的滞后性也没能跟上时代的发展,体育资源总量不足、分配不均衡也是群众体育和竞技体育发展失调的原因。

(三)新时期体育管理运行机制不合理

目前,我国体育管理体制正处于转型期,但是"举国体制"下政府包办体育管理的方式仍占主导地位,影响了体育管理体制的改革。体育管理体制行政权力的过于集中导致社会体育组织的管理受相关行政部门的领导,阻碍了社会体育组织管理的自主发展。第一,以政府为主导的体育管理体制存在权限划分不明确的问题,致使体育组织之间的合作与联系脱节,阻碍了体育组织的合理发展。规模较大的体育组织必须在政府行政部门的监管下运行,导致体育管理体系的自主性弱、依赖性强,阻碍了体育管理体制的合理发展。第二,当前我国体育事业的资金投入主要靠国家财政支持,虽然以往"一条龙"的培养模式正在转型,但是仍然存在。市场经济建设开始后,政府体育管理部门并没能够及时、合理地对体育管理体制做出大调整,仍然用行政手段集合社会体育资源,管理过于细化,限制了其他体育组织的自主性。总体来看,体育管理运行机制较不合理。

二、我国体育管理体制改革的方向

（一）政府部门加强宏观调控将成为主流态势

为了更好地适应社会发展需求，未来中国体育管理体制的走势一定是在政府部门主导地位不动摇的前提下弱化行政干预。但是，弱化行政不单纯的是"去行政化"，而更多的是管理职责和角色的转化。首先，政府部门仍然会在体育管理体制中扮演一个核心的角色，即"领导者""管理者"，主要对政策和市场进行宏观把控，而不是像以往一样实行"包干制"，做一个权责分明、政社分离的主导者。通过合理地宏观调控，政府秉承权责分明地原则为社会体育组织制定合理的分工体系，对社会体育组织进行过程监督，必要情况下给予一定的资金支持。政府部门始终在宏观政策和大环境上对社会组织进行调控，不做过多干预，给社会体育组织足够的空间和机会进行自我发展，增强其自身发展力，让其在竞技体育、群众体育上崭露头角，发挥作用。一定要简化行政色彩、充分放权社会组织，让国家包办制的形象改头换面，明确社会组织主办体育的宗旨，做到管办分离。在此基础上，社会体育组织实施自主管理权才有更广阔的空间，国家行政部门只负责监管和调控。如此一来，政府直接管理的内容也会变为间接管理，还原市场的本色，凸显社会的功能，最终让社会体育组织活跃起来，去创新、自营、发展。

（二）体育管理体制市场化将越发凸显

2008年北京奥运会后，中国竞技体育水平已经跻身世界前列，为此国家提出了体育大国向体育强国迈进的战略，逐渐转变了"唯金牌论"的理念。国家体育总局在后奥运时期不断探索新的模式，试图找到一个突破口来适应时代的变化，工作重心逐渐由竞技体育转向了群众体育。与此同时，随着社会经济的不断发展，体育管理体制市场化的趋势也越发明显，这为体育市场的发展提供了无限的可能。2006—2011年，我国体育用品行业（运动服、运动鞋、运动器材及相关体育产品的制造和销售）增加值逐年扩大，年均复合增长率17.63%，累计至2011年达到1760亿元，占体育产业比重80%以上。中国也成为继美国之后世界第二大体育用品消费市场。2014年10月，国务院印发《关于加快发展体育产业促进体育消费的若干意见》，我国体育产业的发展在国家政策的引导下再次迈上了新的台阶，2016—2020年中超联赛电视所产生的费用达到了5年80亿元。不难看出，体育产业已经是我国市场经济下的"朝阳产业"，而且产业体系已经初步形成。随着社会力量的迅猛发力，体育产业的领域也呈多元化发展，国内涌现出各类体育企业、集团及俱乐部，多元化产业投资机制已经形成。随着法制化进程的加速，体育产业正朝着稳定、可持续的方向发展。

（三）群众体育将处于国家体育事业核心层面

2016年8月，习近平总书记在全国卫生与健康大会上强调，没有全民健康，就没有全面小康。习近平总书记指出：要把人民健康放在优先发展的战略地位，重点普及健康生活、优化健康服务、完善健康保障、建设健康环境、发展健康产业，加快推进健康中国建设，努力全方位、全周期保障人民健康，为实现"两个一百年"奋斗目标、实现中华民族伟大复兴的中国梦打下坚实健康基础。习近平总书记在参加索契冬奥会开幕式时也提出：奥运精神比奥运金牌更可贵，奥林匹克运动就是要推动群众体育运动，增强人民体质。"举国体制"一度将我国竞技体育推向了世界巅峰，而在体育强国建设的背景下，老百姓的体质健康水平成为国家开展体育运动的最高目标，群众体育也逐渐成为国家体育事业的核心层面。2016年6月国务院印发《全民健身计划（2016—2020年）》，群众体育和全民健身进一步上升为国家战略。截至2017年底，我国体育场地已超过195.7万个，人均体育场地面积达到1.66平方米。通过实施全民健身计划，我国经常参加体育锻炼的人数近4亿，占比超过34%，比2007年提高了近6个百分点。群众进行体育锻炼不再单纯是强身健体的手段，它成为社会活动中的一种文化、时尚。在全民健身的推动下，学校体育也得以进一步发展，大中小学生体育锻炼成为学校重点关注对象。社区体育也如"雨后春笋"般兴旺起来，国家加强了社会体育指导员的培训工作。群众体育的开展让投资者们看到了商机，群众体育在很大程度上带动了体育产业的发展，吸引了社会闲散资金，为体育用品业和服务业提供了良好的平台。随着产业经济的进一步发展，国家体育管理体制也将发生适应性变化。巨大的体育市场将促使国家投入更多的人力、物力到体育事业当中。与以往不同的政策、举措也会相继出台。体育管理体制将高度契合群众体育发展势态，并产生应激性改变。

（四）建立健全体育管理体系将是下一步重点工作

纵览全局，我国体育管理体制朝着市场化、群众化的方向发展已是大势所趋，体育管理体制转型已经吹响了号角，而一套健全的体育管理体系是体制改革的最佳保障。以往"举国体制"的管理模式已经不再适应社会主义市场经济的特质，现代社会体育管理体制需要新的模式。体育管理体制的改革依赖于一套精准、高效、全方位的体育管理体系，构建这样的一套体系，让政府能够有效地进行宏观调控，促进社会市场运作并且具有中国特色。然而，体育管理体系的构建必须完善、有保障，遵守法律、法规，以遵循现代体育管理原则。通过体育管理体系促使体育管理规范化、法制化。比如，体育产业运营有法可依，体育商业纠纷有部门调节，运动员有职业保险保障，体育场馆、场地、器材有国家标准等。当然，国家体育管理体系不仅要适应我国市场发展需求，还应该符合国际惯例，如此才能够长远、有序、可持续地发展。总之，制度化、规范化的体系建立将会是我国体育管理体制改革的重点工作。

案例分析：《中国足球改革发展总体方案》为我国体育管理体制改革提供了契机。

2015年3月16日，《中国足球改革发展总体方案》（以下简称"方案"）共有50条改革措施，目标包括申办世界杯、男足打进世界杯等。总体方案采取三步走策略。近期目标是要理顺足球管理体制，制定足球中长期发展规划，创新中国特色足球管理模式。中期目标是要实现青少年足球人口大幅增加，职业联赛组织和竞赛水平达到亚洲一流，国家男足跻身亚洲前列，国家女足重返世界一流强队行列。远期目标是要使中国成功申办世界杯足球赛，国家男足打进世界杯、进入奥运会。

行政机构改革最大的亮点是中国足协与国家体育总局"脱钩"，不设行政级别，改变中国足协与国家体育总局足球运动管理中心"两块牌子、一套人马"的组织构架。中国足协按照社团法人机制运行，实行财务公开，接受审计和监督。

运动训练管理改革体现在提升国家足球队水平方面。方案规定将加强对国家队经费投入、奖励政策、基地建设、后勤服务、情报信息等方面的保障，提高服务水平。新建两个国家足球训练基地，满足国家足球队不同季节的比赛和训练需要。

监督体系改革体现在建立具有独立社团法人资格的职业联赛理事会。该理事会负责组织和管理职业联赛，合理构建中超、中甲、中乙联赛体系。理事会接受中国足协监管。针对赌球、假球等行业乱象，方案规定要完善裁判员公正执法、教练员和运动员遵纪守法的约束机制。足球管理部门与公检法等方面加强协作，建立健全违法举报机制和紧密衔接的合作机制，有效防范、及时侦破、坚决打击假赌黑球等违法犯罪行为。

融资渠道改革体现在各级政府应当加大对足球的投入。体育、教育等部门在安排相关经费时，应当对足球发展给予倾斜。成立中国足球发展基金会，鼓励各类企事业单位、社会力量和个人捐赠。积极研究推进发行以中国足球职业联赛为竞猜对象的足球彩票。

俱乐部文化改革体现在针对一些足球俱乐部名称和基地变来变去的问题，方案鼓励地方政府引导一批优秀俱乐部相对稳定在足球基础好、足球发展代表性和示范性强的城市，以避免俱乐部随投资者变更而在城市间频繁迁转。方案也鼓励具备条件的俱乐部逐步实现名称的非企业化，努力打造百年俱乐部。

转会制度改革体现在针对球员薪金和转会费方面的乱象，方案规定将探索实行球队和球员薪金总额管理，有效地防止球员身价虚高、无序竞争等问题。研究引进高水平外援名额限制等相关政策及决策机制，严厉查处阴阳合同等违法行为，及时纠正欠薪行为。调整俱乐部运动员转会手续费，减轻俱乐部的负担。

大众足球改革体现在扩大足球的群众基础。方案规定各地中小学把足球列入体育课教学内容，加大学时比重。全国中小学校园足球特色学校在现有5000多所基础上，2020年内达到2万所，2025年内达到5万所，其中开展女子足球的学校占一定比例。针对家长担心踢球受伤的问题，方案规定将完善足球保险机制，增加政府购买服务，提升校园足球安全保障水平。

场馆管理体制改革体现在把兴建足球场纳入城镇化和新农村建设总体规划，明确刚性要求，由各级政府组织实施。同时，推动学校足球场在课外时间低价或免费向社会开放。

不论是站在竞技体育还是群众体育的层面，我国足球事业的发展少不了政府的宏观调控，更离不开社会力量的融入。可以说，方案为我国体育管理体制改革开启了新的纪元。

第四节　课后习题

（1）什么是体制？如何定义广义和狭义的体制？
（2）体育管理体制的概念是什么？
（3）体育管理体制的特点是什么？
（4）体育管理体制的影响因素有哪些？
（5）国内外体育管理体制有哪些区别？
（6）政府体育管理体制的特点是什么？
（7）什么是政府专门体育管理系统？
（8）什么是政府非专门体育管理系统？

（9）社会体育管理体制的特点是什么？
（10）如何评价我国"举国体制"？
（11）我国体育管理体制改革的原因是什么？
（12）我国体育管理体制改革的方向是什么？
（13）怎么看待《中国足球改革总体方案》的提出？

第四章 竞技体育管理

现代竞技体育主要由运动训练、运动竞赛两个主体部分构成。科学、完善的运动训练系统主要由三大要素构成，即管理者、管理对象和信息。训练管理特征主要包括全面性、全程性、系统性、周期性等。运动训练管理体制是运动训练管理的机构设置、权限划分及管理制度等的总称。"举国体制"背景下，我国运动训练体制呈三级梯度，即初级、中级和高级。运动训练的基本组织形式是运动队，运动队体系构成主要包括领队、教练员、运动员，以及队医、科研人员和后勤保障人员等，是一个有目标、有计划、有组织的体系。运动训练的活动以各项特征为单位进行训练，如陆上运动、水上运动、空中运动。运动项目管理主要分为以下几个板块，运动项目分类、布局管理和运动项目协会制管理等。管理者通过整合资源、达到竞赛目标、获得胜利等对运动竞赛进行管理和掌控，通常管理过程分为赛前、赛中和赛后三个阶段，运动竞赛管理产生的直接效益主要是社会效益——为国争光和经济效益。

第一节 运动训练管理

运动训练是竞技体育的重要组成部分，主要以提高运动员竞赛成绩和竞技能力为主导，在专业教练员指导下，进行专门的有目标、有计划的体育训练活动。运动训练管理是运动训练管理者通过资源整合，以"争金夺银"为竞赛目标对训练进行管理的活动，其目的在于对竞赛运动员在生物学、社会学、心理学、生理学等方面的再塑造，以达到高强度、大运动量的运动训练和运动竞赛要求。

一、运动训练管理的定义

（一）运动训练管理的概念

运动训练是以提高竞赛运动员竞技成绩和竞技能力为最终目标，通过专业教练员的指导，专门进行的有目标、有组织的体育竞赛活动。运动训练的本质，即通过对专业运动员在生物学、生理学、社会学、心理学、训练学等方面进行塑造，对高水平竞技运动适应的过程，因此，运动训练的最终目标在于提高竞技能力，适应现代竞技体育高水平竞争的需要。所谓运动训练管理就是根据现代管理的基本原理，结合运动训练管理的特点，运动训练系统的管理者通过一定方式整合资源，以实现运动训练目标的活动。一个完整的运动训练系统主要由管理者、管理对象和信息三大要素组成。

1. 运动训练的管理者

运动训练管理者主要由行政干部、教练员、队医、后勤干部组成，运动员作为竞赛主体，自身也是管理者。运动训练、竞赛过程中，教练员主要负责运动员竞技能力和竞赛水平的提高，这是主要任务也是根本任务。教练队伍是建设高水平运动队的主要力量，是加强运动训练管理的重要环节、重要关口。随着经济水平的稳步提高，运动训练也步入科学化、系统化和规范化程序，同时，加强对运动员素质文化教育与预防损伤疾病知识的学习。运动训练的规范迫使教练员、运动员在训练方法和训练知识等方面向深度和广度扩展，必须依赖于随队的医务人员、科研人员与文化教育人员。运动员有效地管理好自己是运动训练中提高竞技成绩和竞技水平的关键因素，现代运动训练的管理需要运动员从自身管理出发，从内部管理延长至外部管理。

2. 运动训练的管理对象

广义方面理解，运动训练的对象包括主观因素和客观因素，其中主观因素包含：行政人员、医务人员、教练员、运动员，以及后勤人员、运动训练管理的决策机制等；客观因素包含：运动场地、运动器材及训练机制。狭义方面理解，运动训练管理即以运动员为管理对象，以运动员为中心散发出来的相关事和物。

3. 信息

信息，即运动训练管理系统中内外沟通传递的基本信号，且内外系统相互联系。信息属于管理对象的内容之一，是管理系统中不可或缺的内容之一。

（二）运动训练管理的特点

1. 全面性

经济基础决定上层建筑，当今国际体坛的竞争实质上是国与国、地方与地方、国与地方之间的经济、科学技术的竞争。20世纪七八十年代，我国处于经济和科学技术不发达阶段，对于体育等小众方面的经济支持度不高，体坛只能凭借"三从一大"的训练原则让运动员硬撑,导致大批量运动员受伤、退役。改革开放以来,我国经济逐步上升,体坛中也涌现了不少名将,如:排球运动员郎平、朱玲、田径运动员李涛、叶虎、胡凯、苏炳添、谢震业等;因此运动训练实践验证了系统训练、科学训练是提高运动成绩的有效途径。科学训练主要是将运动员训练实践与理论相结合,也可以理解为交叉学科之间的结合,主要学科有生理学、生物学、社会学及心理学。运动训练的结构由单细胞变成了多细胞,训练结构由简单变得复杂,竞技能力逐步提升,这不是单一的竞技训练带来的效果,而是科学训练与竞技训练的有机结合体。这种全面的管理由运动员思想、心理、学习等因素构成,每个因素环环相扣,任何一个环节出现问题都将影响运动员竞技能力的提高。

2. 全程性

现代运动训练特征显著,可谓是程序化系统训练,包括运动选材、运动训练、运动竞赛、运动康复一体化。运动员从启蒙开始,经过科学、系统、完善的训练后达到竞赛目标。在每一个阶段中都需要有效管理,也只有通过全程性的管理,才能保证训练目标的实现,无论是宏观的训练过程还是微观的训练过程,都应作为一项影响整体效益目标的子系统来看待。

3. 系统性

运动训练是一个错综复杂、有规律的系统。因此运动训练管理活动必然体现出系统性特征。根据系统原理,每一个运动训练管理的每个子系统都是紧密联系、相互依赖、相互制约的,且不能独立工作。在实施运动训练管理时,把每一个因素相连接,认真分析系统内各种因素的变化发展,综合分析制订最优方案,要兼顾整体利益,避免出现以局部利益的最佳换取全局利益受损的结果。

4. 周期性

运动训练管理的过程是有目标、有计划、有组织的程序,通过实现目标,围绕各种有效手段,组织实施计划而进行,由此构成一个训练管理周期,从总结到第二个训练计划的开始,标志着第二个周期已启动,以此类推。

二、运动训练管理的内容

(一)运动队管理

运动队由领队、教练员、运动员,以及队医、科研人员和后勤保障人员等构成,是一个有组织、有计划的队伍。其中,运动队最基本的单位是运动员和教练员，其他单位是根据基本单位的条件而设置的。

1. 运动队管理的主要任务

（1）设立运动队的训练目标

为国争光，是运动员竞技训练、竞技比赛的最终目标，用科学的预测和决策，制订不同的目标和计划并且为实现这些目标和计划奠定良好的认识基础。

（2）组织制订并实施训练计划

确定竞技目标后，教练员及运动员辅助人员需根据运动需求制订阶段性目标。阶段性目标是运动队管理的重要工作。运动队教练等通过科学管理解决训练计划中面临的阻碍问题。

（3）完善内部管理机制

健全、完善运动队的管理机制，合理、规划地组织、分配和有效使用人、财、物等，充分发挥其作用，协调队中的工作，并为这些工作创造必要的条件。

（4）调动各方面的积极素质

全面、科学、系统地运用运动训练管理机制的各种方法、技术、手段，充分发挥每一位工作者的积极性，保证各项工作高效、持久、稳定、顺利进行。激发教练员、运动员和辅助人员的积极性是运动队科学管理的关键工作。在管理过程中，教练员应强调管理对象的自觉性，激发他们自我实现的精神。

（5）促使新的科技成果运用于训练实践

结合新兴科学技术，运用各项科技成果，保证科学技术与运动训练有机结合，为运动员提高竞技水平和竞技能力提供有效的科学支持，奠定科学训练的基础。

案例分析："翔之队"助力刘翔备战2012伦敦奥运会

俗话说"一个篱笆三个桩，一个好汉三个帮"。室内田径世锦赛在土耳其开赛，刘翔虽少了罗伯斯在旁"拉手"激励，却也并非形单影只。除队友史冬鹏在场上加油打劲儿外，场下还有近20人的"翔之队"，一直在默默为他付出。

竞技体育发展到今天，早已不是欧文斯那个时代，仅凭天分就能打遍天下了。国家体育总局田径运动管理中心主任杜兆才在公开场合介绍，为了备战伦敦奥运会，夺金重点选手都有专门团队为其服务。其中，为刘翔提供支持的团队有近20人，另外还有多家机构为其保驾护航。关于"翔之队"曾经有许多传说，杜兆才的介绍，揭去了蒙在"翔之队"头上的神秘面纱。"翔之队"的前身是2008刘翔备战奥运工作小组，成员基本上由上海田径队及国家体育总局的工作人员组成。整个"翔之队"分为生活保障组、科技攻关组和指挥决策组等，全面负责刘翔的训练、比赛和生活，训练的决策者当然是教练孙海平。这样的"翔之队"并无神秘之处，杜兆才曾介绍，国家体育总局体育科学研究所和上海体育科学研究所分别从技术分析和体能保障方面为刘翔提供必要的技术支持，美国的医疗团队跟上海医疗组方面也在互相配合。显然，正是这样一支实力派团队的存在，保证了刘翔在经历了重大伤病之后完美复出，并且在27岁的运动"高龄"还能完成起跑八步上栏改为七步上栏的"刷新"。

2. 教练员的管理

教练员是运动员的直接管理者和教育者，是运动训练的直接组织者，是运动竞赛的设计者。建设一批高素质、高水平、高层的教练员队伍是运动训练管理的重要途径，也是重要环节。为保证教练员队伍建设，国家体育总局针对竞技体育教练员设置了相应职称，包括三级教练、二级教练、一级教练、高级教练、国家级教练；其中三级、二级教练为初级职称，一级教练为中级职称，国家级教练为高级职称。

教练员在运动队管理中的地位和作用特殊，教练员是运动队实施管理工作的重要践行者。运动队管理的主要任务就是运动训练，运动训练是运动队管理的直接体现，教练是运动训练设计的主要实施者，是运动训练活动的主要组织者，也是提供管理决策信息的直接人。教练员应与领队、队医和行政管理人员相互沟通、相互配合，对训练时间、训练内容和训练任务等方面提出方案，共同为运动队取得良好成绩打下坚实的基础。

教练员是运动员对运动队其他管理者的沟通桥梁。教练员在运动员运动训练中最有发言权，掌握运动员训练一手信息，与医务工作者沟通运动员伤病情况，与行政管理人员沟通运动员衣食住行情况，与后勤人员沟通运动员后勤保障情况，收集相关信息向运动员传递最新政策、医疗方案和后勤保障方案。教练员是运动员的直接接触者，是运动员的直接管理者，准确把握好运动员思想、政治、心理、训练和生活状况，有助于更好的组织运动队的管理工作。

教练员是运动队人际关系的"润滑剂"，也是疏通者。运动队要想取得好成绩，关键在于教练员调动运动员的积极性，通过调动运动员的积极性，对运动员实施训练计划，逐步实现训练目标，取得优异成绩。运动员与运动员之间多少存在一定矛盾，在执行运动队规章制度方面，可能会存在一些矛盾和摩擦，教练员应该是该矛盾的疏散者，因此教练员需要从运动员的生活、训练着手，了解运动员之间的生活习性，对运动员之间的矛盾了如指掌，做运动员的思想工作、化解矛盾、协调关系。教练员在调解运动员之间矛盾是好手，但往往基于被动方面，将自己处于客观地位，有时候工作不好开展。教练员要懂得尊重运动员的个性，以真理服人，不要将教练员"威严"和地位放在第一位，而是以一位平易近人的朋友与之交流，做到以理教人。

3. 教练员的职责

运动队教练员职责在于完成运动训练，提高竞技水平和取得运动成绩，在履行职责前须关心、帮助、理解运动员，关心其成长，关心其素质文化教育，做好教练员的本分，同时积极参加教练员岗位培训、职称晋升评审、技能学习等。国家体育总局制定的《体育教练员职务等级标准》第四条规定：教练员的基本职责为运动员训练教学、提高运动员运动技能、关心体贴运动员生活，以及做好运动员队伍管理工作。

（1）教练员的素质

专业教练员的基本素质由三部分构成，即品德素质、知识素质、能力素质。品德素质是教练员素质的基本构成要素，包含政治素质、精神素质和品格，该方面对运动员人格品质和人格塑造有积极作用。教练员的品德素质直接表现为其对运动训练的热爱，具有强烈的责任感和事业心，能以自我奉献的精神去完成运动训练任务，带领运动员不断挑战、超越自我、超越极限，不忘初心、牢记使命，实现自我价值。知识素质体现于专业水平，运动队是一个单一系统，但单一中展现出复杂性，面对不同运动项目、不同运动员和不同的管理层次，全面的运动管理水平专业知识显得极其重要。教练员必须具有合理的专业知识结构、专业知识内容，认知人、了解人、研究人才能使运动队伍有条不紊地发展，其中运动心理学和生理学是现代竞技体育运动教练员必须了解和掌握的知识主体，哲学、社会科学对于教练员能力的可持续发展也很重要。能力素质，即教练员在专业训练、业务能力方面的体现，通过教练员认知能力、观察能力和逻辑思维等体现教练员综合素质方面，主要包括计划能力、交际能力、语言表达能力。

教练员除了具备品德素质、知识素质、能力素质三项素质以外，还应该将社会主义道德标准作为自身的行为准则，谦虚谨慎、诚实正直、乐于助人、关心爱护运动员，在运动员心中树立榜样，从运动员内心出发，给予关心和帮助。教练员应以大局为重，以自身实际行动为运动员做表率，使其成为运动员学习榜样。

（2）教练员资质

国家体育总局划分教练员等级标准：

三级教练。学历要求中专，专门从事运动训练工作满1年者，且对体育理论基础知识有了解和不同程度的掌握，熟悉运动训练教学内容和方法，能把控运动员思想意识，能完成运动训练任务。

二级教练。学历要求大专以上，担任三级教练员满2年以上者，从事运动训练教学工作至少1年，基本掌握体育基础理论和专业知识、技能；取得初级教练员岗位培训合格证书；能顺利、出色地完成上级下达的运动训练任务。

一级教练。学历要求专业体育院校专科以上，承担二级教练满4年以上，具备扎实的体育理论基础知识和专业知识，对运动训练有一定科学研究，且发表相关论文；外语要求能简单沟通交流；取得中级教练员岗位培训合格证书；训练两年以上的运动员取得全国最高水平比赛录取名次；集体项目取得全国最高水平比赛较好名次。

高级教练。学历要求专业体育院校专科以上，承担一级教练满5年以上；系统地掌握体育理论基础知识和专业知识，对训练项目有较深的研究，在公开刊物上发表2篇论文或者在国内外学术刊物等级高的刊物发表相关学术论文；能熟悉一门外语，进行顺畅的交流，取得高级教练员岗位培训合格证书；训练两年以上的运动员或培训两年以上的运动员输送后四年内达到世界水平、亚洲或全国优秀水平。

国家级教练。学历要求专业体育院校本科以上，参与国家级教练研修班，承担高级教练5年以上；发表2篇高水平的学术论文，且论文成果在国内外具备一定影响力，突出理论联系实际；掌握一门外语，能阅读和翻译本专业外文技术资料，进行技术交流；训练运动员在4年内取得奥运会前三名、奥运会四至六名并世界锦标赛或世界杯赛前两名、世界锦标赛或世界杯赛三人次冠军、亚运会二人次冠军并亚洲锦标赛或亚洲杯赛二人次冠军、向国家输送三名以上运动员或三名以上运动员代表国家参加亚运会、世界锦标赛、世界杯或奥运会比赛，并取得五次全国最高水平比赛冠军或二人次亚运会（亚运会比赛项目：亚洲锦标赛或亚洲杯赛）冠军、集体项目奥运会前十名、集体项目世界锦标赛或世界杯赛二次前两名、集体项目亚运会冠军并亚洲锦标赛或亚洲杯赛冠军、集体项目向国家队输送五名以上运动员或有五名以上运动员代表国家参加亚运会、世界锦标赛、世界杯或奥运会比赛，并取得亚运会（亚运会比赛项目亚洲锦标赛或亚洲杯赛）冠军或二次全国最高水平比赛冠军。

（3）教练员的选配

教练员是运动队的核心部分之一，组建高水平教练员团队需要考虑教练员自身的任职条件、文化程度、科研能力、外语水平、工作业绩等，对不同专业的教练员任职不同项目的管理者，做到专业人管专业事。

（4）教练员的培训

组建高水平教练员团队，需要教练员不断更新自我专业知识，拓宽专业视野，提高教练员综合素质能力。将教练员培训制度与教练员职称挂钩，通过管理效果、训练效果对教练员实施考核；教练员培训以提高教练员思想、业务水平和管理能力为目的，从教练员训练实际战略出发，吸收国内外训练精湛的技术，提升教练员训练水平。对不同教练员等级标准实施不同培训标准，保证教练员思想定期检讨、定期更新、定期发展；促进教练员训练方法定期交流、定期实践、定期检验。在教练员的等级考核与职称晋升中，应尊重人才管理的一般性原则，还应该注重贯彻国家体育总局的相关政策，如《体育教练员职务等级标准》《教练员管理工作办法》等制度，同时拟定教练员的考核内容与标准，引进竞争机制和风险机制，鼓励创新人才的产生，使教练员意识到自己的工作职责，从而使我国的教练员队伍整体素质水平得以提高。

案例分析：上海跨栏教父孙海平退而不休，只因"教练是世上最好的职业"

或许记忆太过深刻，再次踏进莘庄训练基地室内场馆，脑海里自然会跳出那对师徒的画面。当年两人几乎撑起中国田径最耀眼的时代——，站在世界田径短跨之巅的刘翔，背后默默托起他的恩师孙海平。刘翔已告别"我的跑道我的栏"，转身迎接新的人生舞台。已到耳顺之年的孙海平也已退休，却仍留守在那一方天地。他说："只要身体情况还允许，我就想一直做下去。真的舍不得，也放心不下。"

每当徒弟跑完一个练习，孙海平就会把数据记在厚厚的本子上，让徒弟清楚地看到他的要求。这样的本子，在孙海平家里已经有满满30多本。老孙的不舍，要从练跨栏，说到练跨栏。生于1955年1月的孙海平，已在教练岗位待了整整第30年，"我1986年开始从事跨栏项目的教练员工作，接受跨栏训练还要早得多，差不多是14岁吧，47年前了。"年轻时的孙海平，是一个没进过国家队的二流运动员，但"会练不一定不会教"，当年战胜过他的对手怎能想到，赛场上这个"不起眼"的小兄弟，后来成为世界跨栏教父级人物。20世纪70年代的中国短跨名将王勋华曾敬佩地说，孙海平当教练后自己摸索出来一套训练方法，这是他的成功之处。能发掘、培养出像刘翔、谢文骏这样一些顶尖运动员，更是不易。别人只知孙海平是个了不起的伯乐，教得出世界冠军，却很少有人了解，多年来他一直享受着这份事业。"对我来说，教练可能是世上最好的职业。"坐在跑道旁的椅子上，孙海平眼里仿佛闪出一道光，"当教练的感受很多人都体会不到，一个个小时扑在训练场，费尽心血在运动员身上，唯一的希望，就是他们能拿到好的成绩。一旦一起达到了目标，这种幸福感和愉悦感，是所有东西都难以比拟的。"

那么多年伴随刘翔,孙海平师徒一起经历过事业顶峰的辉煌和掌声,也经历过谷底的苛责和嘲讽。但因这份"恋"始终都在,孙海平在刘翔退役后,仍抱有对这份事业的激情。"现在想的并不是非要再带一个刘翔出来,而是只要能把现在带教的运动员的最大价值挖掘出来,我就很满足了。"

(二)运动员的管理

如果说教练员是运动训练的主导者、引领者,那么运动员就是运动训练的主体,二者都是运动训练管理内容的核心对象。运动训练管理是为了最终能够让运动员提升竞技水平、获得优异的运动成绩。随着社会生产力的发展和科技水平的提高,对于运动员在训练过程中的管理早已不是简单的体能、技能管理,而是生理、心理及社会学交叉领域的复杂体系,所以对于运动员的管理也是一个庞杂的过程。在对运动员进行管理时,要注意身心结合管理,即加强思想、学习、训练、生活各方面的管理。

1. 运动员选材管理

运动员选材是运动训练中的重要环节,对于运动员的管理也是从选材开始的。良好的选材管理能够帮助教练员选取适合特定运动项目的好苗子,对于该项目的发展和取得优异运动成绩提供了可靠的前提。

(1)运动员信息获取管理

选材时需要对运动员苗子的体征、遗传、身心等各种运动信息进行获取,通过定量分析为选材提供科学依据。通过信息获取,对运动员苗子进行诊断,测试其运动潜力及适合的运动项目。另外,初始测试的信息也是早期训练计划、内容的重要依据。

(2)运动员信息评价管理

首先,需要对运动员苗子实际测试的数据与某一运动项目运动员群体选材标准进行比较,判断其所处水平,其次需要对运动员苗子实际测试的数据与某一运动项目优秀运动员群体特征数据进行比较,如此来确定该苗子是否有潜力成为优秀运动员。

(3)运动员配比管理

运动员选材并不是多多益善和遍地开花,需要严格按照项目供需平衡来进行选材,我国1—3级运动员层次结构比例一般是1∶2∶10。当然,随着项目的特异性,比例也会发生变化。另外,运动员的选材会朝着影响力大的项目倾斜,比如奥运会项目。

2. 运动员管理内容

（1）运动员训练管理

运动员每天都需要进行运动训练，他们的主要任务就是不断练习各种技战术并将其训练专业化。对于不同项目、不同年龄段、不同性别的运动员所采取的管理方法不一，因此运动员的管理要因人而异、因项目而异，科学安排训练内容和强度。

（2）运动员休息管理

运动员进行运动训练对于体力和精力都会有所消耗，所以一定要做好休息与恢复，应该严格遵守科学的作息时间，对运动员的休息、睡眠进行监控，做到运动量与恢复量成正比。

（3）运动员营养管理

运动员的训练效果离不开营养的补给，特别是青少年运动员更要加强营养补充，注意膳食搭配均衡，营养摄入要根据运动员本身特质与项目进行调整，营养管理与身体素质息息相关，必须做到严格把控。

（4）运动员心理健康管理

运动员不仅需要有过硬的身体素质还要有强大的心理素质才能赢得比赛的胜利，所以心理健康是重要的前提。因此需要加强运动员心理健康管理，确保运动员有一个良好的心态，胜不骄、败不馁、坚韧不拔、愈战愈勇，具有团队合作能力，乐于助人。

3. 运动员管理方法

（1）思想教育法

在学校会专门给学生开展思想德育课程，对学生进行思想品德教育。在运动队教练员也应该抓好运动员的思想政治工作，可以通过思想教育对运动员进行正确引导，让整个运动队拧成"一股绳"，齐心协力为国家竞技体育事业做贡献。

（2）目标设定法

目标是人为了达到特定的预期而设定的方向，运动员的最终目标是提高竞技水平、取得优异运动成绩。运动训练过程中应该时刻为运动员设定近期和长期的目标，通过诱导的方式，让运动员全身心投入运动训练当中，激发他们夺取冠军的欲望，激励他们奋发图强的精神。另外，目标的设定应该符合实际，不能轻易达到又不能盲目求高。

（3）奖惩结合法

无论是运动员平时的训练还是比赛都应该奖惩分明，以此形成正确有利的导向。运动员训练刻苦则应得到赞扬，这样能够在队内形成良好的训练氛围与风气。对于训练懒散的运动员则应批评，让其他队员引以为戒。当然赞扬和批评的方法很重要，对于不同年龄、性别的运动员要差异对待，让他们能够接受，才能达到理想的效果。

三、运动训练管理的体系

（一）运动训练管理体制的分类

运动训练管理体制主要包括运动训练管理的三大部分，即机构设置、权限划分及管理制度，三者共同构成运动训练管理体制。

运动训练管理体制的好与坏，主要体现在体制背景下运动训练取得的成效。国内外构建了不同的运动训练管理体制，每个管理体制都有不同的特点，不同的特色，将世界运动训练体制按两个板块进行划分，即按层次结构划分和按训练性质划分。

1. 按层次结构划分

运动训练管理体制按层次结构划分有若干层次。苏联时期，体育是兴国兴邦的重要支柱，其运动训练管理体制包括三个层次：以少年儿童体育学校、奥林匹克后备力量专项体校和运动寄宿学校为体育运动学校的初级形式；以高级运动技术学校和奥林匹克专项训练中心为中级形式；以国家代表队为高级形式。该运动训练管理层次给苏联体育成效带来丰硕成果，促使苏联体育在体育界占领一席地位。日本、德国的运动训练管理体制划分为四级，美国运动训练管理体制划分为中学生代表队、大学生代表队和国家集训队三个层次。

2. 按训练性质划分

（1）以专业训练为主的训练管理体制

以专业训练为主的管理体制，其拨款性质是国家拨款，运动训练的场地、器材设施及经费都由国家统一资助，教练员由国家统一安排和管理，该体制配备有专门的科研机构，促使运动训练与科研有效结合，保证理论与实践相结合，能有效地培养出高水平运动员，运动后备人才输送率也较高。但该体制有一些不足，即国家投资量较大，但运动员素质文化教育得不到保障，学习矛盾突出，不利于优秀运动员退役后的安排。

（2）以业余训练为主的训练管理体制

业余训练体制其训练经费、场地器材经费和科研经费来源于社会资助。教练员一般由单位聘请，来源于俱乐部或者大学体育教师和教练，并提供相应的经费资助，运动员需自付学费，但运动员达到一定等级后有相应国家补助。该体制运动员的基本素质教育能得到相应保障，有利于促进运动员全面发展，提高运动员综合能力。该体制也有一定的不足，即其科研与训练的结合较为困难，加之各方面竞争较激烈，难以完全满足高水平竞技体育训练的发展需要，如美国和西欧等市场经济较发达国家的运动训练体质。

（3）以职业训练为主的训练管理体制

职业为主的运动训练管理体制是以市场经济为主导，其实质就是遵守市场经济和体育运动的发展规律，使体育运动所创价值得到充分实现。这种体制目前主要限于一些具有较广泛群众基础、观赏性较强、经济效益较显著的体育项目，如足球、篮球等。

（4）综合型的训练管理体制

综合型管理体制将体育运动分为几部分，即将训练管理放在政府、社会、和体育组织等机构上，体现宏观手段与微观手段一起共管的功能，充分发挥政府的宏观控制、监督等职能。社会体育训练管理职能在政府的统一管理下运行，该管理体制集中了上述几种体制的优点，就发展趋势而言，综合型体育训练管理体制具备更多优点，更利于提高运动训练水平和竞技能力，它代表着世界运动训练管理体制改革发展的基本方向。

（二）我国运动训练管理体制

1. 我国运动训练管理体制的基本构成

我国目前实行的运动训练管理体制是在"举国体制"背景下，根据"思想一盘棋、组织一条龙、训练一贯制"的指导思想所构建的三级训练体制。我国三种运动训练体制，已基本在纵向和横向方面构建了一个立体网络。

在纵向层次上，它可划分为三级，分别为高级训练形式、中级训练形式和初级训练形式。高级训练形式主要集中在国家队和省队优秀运动员队伍，他们承担的是为国争光、勇争第一、挑战极限、攀登世界体育运动技术水平高峰的任务。中级训练形式主要集中在省级优秀运动员、专业体育学院、体育学院附属竞技体校和各青少年业余体校等，主要任务是培养和输送优秀运动员后备人才，同时也为社会培养中等体育专业人才。初级训练形式主要集中在业余体校和全国各中小学运动队，他们主要的任务是为优秀运动员后备人才打基础，并将有发展前途的优秀运动员后备人才推荐给上一级训练单位。在横向层次上也可以分为三级，即专业训练体系、业余训练体系、职业训练体系。

（1）专业训练体系

包括国家队、省队两级优秀运动员队伍；随着竞技体育科学化、社会化、系统化的发展，国家队和省队已经逐步向社会各协会和企业拓展，为我国高水平运动竞技拓宽途径。

（2）业余训练

主要由初级训练和中级训练两种形式组成，是我国运动管理体系的基础环节，也是重要环节。

（3）职业训练

主要指实行职业化运作的俱乐部、培训班等形式，随着社会经济发展，俱乐部、培训班等组织机构逐渐走向市场化、职业化。

2.现行运动训练管理体制的特征

我国现行的三级训练网是一个基础大、顶上尖、层层衔接，呈现"塔型"的训练管理体制，它主要体现国家意志具有如下特征：将人、财、物集中；该体制层次分明，逐层升级，对运动员有很强的激励作用；与义务教育阶段学校保持紧密联系，取得学校的支持，挑选更多的后备竞技人才；以国家行政力量为主导。

第二节 运动竞赛管理

运动竞赛是指在规则的允许下，运动员或运动队之间竞技能力的较量行为。运动竞赛不仅能促进社会经济发展，增加国民经济增长，而且能丰富人们的社会文化生活，满足人们的高级审美需求。运动竞赛管理，即运动竞赛系统的管理者通过一定方式整合资源，实现竞赛目标的活动。

一、运动竞赛管理的内容

（一）赛前工作的组织与管理

赛前管理工作主要包括讨论确定组织方案、制定竞赛规程、组建组织机构、拟定具体工作计划和行为准则、编制秩序册等。赛前管理工作在竞赛组委会（或领导小组）正式组建前，由竞赛筹备委员会（或筹备小组）负责，在组委会正式组件后，则由组委会负责。

1. 确定组织方案

在竞赛计划的统一部署安排下，竞赛活动的开展，必须要进行总体设计构思并提出组织方案。竞赛组织方案主要包括以下内容：

①比赛名称和目的任务。根据比赛的内容、性质、赛制、时间和规模等因素确定比赛名称；根据比赛性质、项目特点和本地区、本部门的具体要求等来确定比赛的目的任务。

②比赛的主办与承办单位。

③比赛时间与地点。

④比赛规模，包括规定参赛者范围、比赛等级、比赛场馆器材设备的档次要求与数量等。

⑤比赛的组织机构，包括竞赛组织管理各职级机构设置和工作岗位安排以及人员配置的数量等。

⑥经费预算，包括竞赛经费来源与筹资计划、经费使用原则与使用范围、收支计划与增收节支措施等。

⑦工作步骤。确定竞赛整体工作的阶段划分和各阶段的工作重点与具体步骤。

2. 制定竞赛规程

竞赛规程是组织实施某一项（届）运动竞赛的主要政策与规定，对该项竞赛活动的组织管理具有高度的权威性和指导性，是竞赛组织者和参加者都必须遵循的规定。单项竞赛项目需制定单项竞赛规程，综合性运动会则需制定竞赛规程总则（总规程）和单项竞赛规程。

①竞赛规程的主要内容，包括竞赛名称、竞赛时间和地点、竞赛项目及组别、参加单位、运动员资格、参加办法、竞赛办法（采用的竞赛规则和所采取的赛制、团体总分的设置办法、决定名次和计分的办法等）、仲裁委员会的组成，以及有关经费的规定。

②制发竞赛规程的注意事项。竞赛规程的制定和发放是一项非常严肃、细致和慎重的工作，主要考虑以下几方面：第一，竞赛规程的制定要以竞赛的目的任务和竞赛计划为依据。竞赛规程要与国家颁布的有关方针、政策、法规相适应，并与体育竞赛制度、计划和国际组织的有关规定及国内竞赛的有关规定协调配套。第二，竞赛规程的制定要符合客观实际，既要符合国家、地区的情况和体育项目

的实际，又要反映国际、国内体育运动发展的水平和趋势，以及运动员对竞赛的需求状况等。第三，竞赛规程应充分体现公平竞争精神。第四，竞赛规程应提前制发。竞赛规程下发的时间应视情况而定，一般应提前半年到一年。第五，比赛的规模越大，层次级别越高，其执法时间提前量应越大，以便参赛单位和运动员有充分准备。第六，单项规程要与总规程吻合。综合性大型运动会各单项竞赛规程的制定要以总规程为依据，口径一致，不允许有矛盾现象。第七，应具有稳定性。竞赛规程一经审定颁发必须严格执行，不能朝令夕改、变化无常，并尽可能少发补充通知或修改规定。

3. 组建组织机构

组建赛事组织机构是运动赛事组织管理工作的关键环节。各种赛事的组织机构一般采用委员会制。运动赛事的组织委员会，是全面领导整个赛事组织工作的最高机构，其机构编制、人数等没有具体限额，视比赛性质和规模而定。大型运动会组委会一般由政府一级行政领导担任组委会主任，主办单位的有关领导为副主任，并吸收包括有关体育部门的各职能机构领导、协作单位职能机构的领导、各单位赛事委员会主任，与本次比赛有关的新闻、服务、公安等单位负责人，以及部分有代表性的参赛单位负责人为委员，使运动会能在各方面的积极支持下顺利进行。赛事组织委员会一般设主任一名，副主任和委员若干名。地方或基层小规模比赛的组织领导小组，其成员人数应当酌减。

赛事组织委员会直属职能部门应根据组织赛事需要完成的各项任务来设置，并与赛事规模相适应。一般包括办公室、赛事、宣传（新闻）、保卫、行政、后勤等主要工作机构。根据赛事需要，可设外事接待、大型活动、工程、科研、集资等部门。组织机构成立后，应根据精简高效的原则，视实际需要分批借调工作人员，以节约人力、财力。

4. 制订工作计划和构建规章制度

组织委员会成立后，应根据竞赛规程、组织方案和责任分工，制订各职能部门的具体工作计划和有关行为规范，如竞赛工作计划、宣传工作计划、大型活动计划、安全保卫工作计划和财务计划，以及工作人员守则、作息制度等，经组委会讨论审定后执行。目前，在运动竞赛的组织管理过程中，除常规制订计划的方法外，较多采用编制计划网络图、工作流程图及各类图表的方法来制订运动竞赛总体规划和各职能部门计划。

5. 编制竞赛秩序册

竞赛秩序册是运动竞赛组织和具体竞赛秩序的文字依据，它由运动会的竞赛部门负责编制，报组委会审定并颁发。综合性大型运动会需要在各单项竞赛秩序册的编制基础上及时汇编总秩序册，各种类型运动竞赛的秩序册都必须提前下发。

竞赛秩序册一般应包括比赛名称、时间、地点，主办与承办单位，竞赛组织机构图，运动竞赛规程和补充规定，大会各部、处、室人员名单，各项目竞赛委员会、仲裁委员会成员和裁判员名单，各代表团名单，运动竞赛总日程表和各项目竞赛日程，分组名单，竞赛场地示意图，最高纪录表等内容。此外，基层运动竞赛根据需要，也可将运动员、教练员、裁判员守则及各种评优条例等内容附在竞赛秩序册后。

（二）赛中工作的组织与管理

1. 开幕式的组织

开幕式的程序一般应包括：宣布开幕式开始，裁判员、运动员入场，奏乐（国歌、会歌）升旗，领导人致开幕词，运动员代表讲话（或宣誓），裁判员、运动员退场，开幕式表演开始，宣布开幕式结束。

为了保障开幕式既庄严隆重、热烈欢快，又紧凑精炼、完满安全，一般成立开幕式临时指挥系统，负责控制、指挥开幕式各项活动准确、顺利进行。全国性大型综合性运动会，开幕式现场临时指挥机构一般由大型活动部牵头，组委会及其他部门临时选派有关人员配合组成。根据需要，可以在总指挥部下设置负责开幕式各项具体工作的分指挥部。比如，入场式分指挥部负责开幕式仪仗队、各代表团队伍、裁判员队伍的组织，以及与入场式相配合的奏乐、献花和升旗仪式等组织工作；背景台表演分指挥部，负责背景台表演人员的组织及现场指挥等各项工作；大会宣传分指挥部负责开幕式大会现场宣传、新闻发布、记者组织、观众教育及会场环境布置等项工作；嘉宾区分指挥部负责主席台及嘉宾区的各项组织接待工作；大会服务分指挥部负责会场所需水电、音响设备、电讯、医疗急救及各类服务保障工作；安全警卫分指挥部负责开幕式场内外安全保卫、警卫人员配备及交通管理等项组织指挥工作。小型运动会，由于规模小人数少，开幕式的组织上作相对简单，可由组委会任命3~5人，分工合作组成临时指挥小组具体负责，内容可以参照大型运动会的分工和办法进行。

2. 赛事活动的管理

比赛正式开始后，运动会的主要指挥管理人员要深入赛场第一线，对赛事活动实行全面、具体的组织领导。要以果断、及时、准确为原则，严格掌握比赛进程，加强各职能部门之间的互相协调配合，防止比赛出现脱节、漏洞和误差。遇到困难或问题及时召集现场办公会、仲裁委员会或组委会会议，特别注意研究和及时解决比赛中出现的弃权、争议、罢赛、弄虚作假、赛风等方面的问题和各种突发事件，确保赛事活动顺利进行。

3. 人员管理

竞赛期间的人员管理，主要包括对裁判员、运动队（员）及观众的教育和管理工作。

（1）裁判员的管理

运动竞赛能否顺利进行，与裁判员队伍的水平高低密切相关。要抓好裁判员的职业道德教育，把"公正、准确、严肃、认真"八字方针贯彻到裁判员工作的始终，杜绝"私下交易"、本位主义等不良作风；要在赛前组织裁判员认真学习竞赛规程、规则和裁判法，统一认识、统一尺度，周密研究可能出现的问题和处理办法；重要岗位的裁判员要反复训练，并组织必要的考核；要开好赛前裁判员准备会，合理分工，重要场次比赛要提前认真研究，慎重安排水平较高的裁判员担任临场工作，对抗性强的项目和评分项目，尽量安排与参赛队无关的裁判员，确保万无一失、公正准确；要及时认真地组织每一场比赛的赛后裁判总结与讲评，做到裁判工作天天有小结、阶段有总结、全程有评比，不断提高裁判工作质量。

（2）参赛运动队（员）的管理

较正规的运动竞赛应事先拟定运动队（员）的管理教育计划，采取分级管理办法，即大会抓各队，提出统一要求和具体规定，并做好各队之间的协调工作，定期召开联席会议，听取意见，处理问题，改进工作；领队、教练员抓队员，负责全队运动员的管理。通过严格、切实有效的管理，使各队自觉做到公正竞赛、团结拼搏、文明礼貌、互相尊重，保持良好的竞技状态，创造优异成绩，不断提高运动竞赛的综合效益。

（3）观众的管理

观众是体育比赛的重要参与者，特别是当比赛处于紧张激烈的竞争之时，若对观众的组织管理不当，很可能影响比赛的顺利进行，甚至破坏社会的安定。因此，加强对观众的组织管理，既是保证比赛顺利进行的必要措施，又是充分发挥竞赛积极功能的客观要求。为此，竞赛组织者应该从人们的社会心理承受能力和赛场的特殊氛围出发，寻求防患于未然的系统预防治理方法。

（4）后勤管理

竞赛期间的后勤管理工作包括认真检查比赛场地、设备和器材的布置与使用管理情况，落实运动员、裁判员的住宿、用餐、沐浴、交通和安全保卫工作，监督运动竞赛的各项预算执行情况，以及医务方面的伤病防治和临场应急准备等项具体工作。

（5）闭幕式的组织

在各项竞赛活动结束后，根据事先确定的闭幕式组织方案，闭幕式的各项组织工作必须提前准备完毕。闭幕式的基本程序是：宣布运动竞赛闭幕式开始，裁判员、运动员入场（也可不入场），宣布比赛成绩和获奖者名单，发奖，致闭幕词，宣布大会闭幕，闭幕式表演开始，宣布闭幕式全部结束等。闭幕式的组织工作和指挥系统由开幕式指挥系统负责，大型综合性运动会一般由大型活动部牵头。

（三）赛后工作的组织与管理

①办理各队离赛的各种手续，确保队员能够及时离去。

②用于比赛的场地、器材、服装、用具等物资设备的及时归还、转让、出售和处理工作。

③竞赛财务决算。

④汇编、寄发比赛成绩册和其他技术资料。比赛成绩册的编制，应根据各项竞赛规程中有关录取名次和计分方法的规定。成绩册的主要内容依次为：破纪录情况，各单项名次情况，获其他奖励名单及各项目比赛成绩表。

⑤填报等级运动员和破纪录成绩。

⑥移交、整理有关文档资料。

⑦向新闻单位发布运动竞赛的有关情况。

⑧竞赛工作总结，上报当地党政机关和上级体育部门。属于承办全国竞赛的赛区，还须填报各赛区情况统计表。

⑨评比表彰工作。对参与大会工作的单位和个人、支持与协助大会的单位和个人，以及竞赛的各级组织者、指挥者和工作人员进行表彰，表示致谢。

二、运动竞赛管理的体制

（一）运动竞赛管理的组织机构

运动竞赛管理体制是指运动竞赛的管理机构设置、权限划分及管理制度等的总和。一个国家的运动竞赛管理体制从宏观上决定了一个国家管理运动竞赛的方式、组织形式和运行机制及各种管理关系，管理体制的运行情况将直接影响竞技体育目标的实现，并对竞技体育的资源配置起导向作用，同时受到国家体育管理体制的影响和制约。

我国竞赛管理机构的设置有其不同层次和明确分工，国家层面为国家体育总局竞技体育司，总局直属单位各管理中心竞赛部，各省、自治区、直辖市为体育局竞技体育处，各地市州为竞技体育中心。运动竞赛管理体制层次清晰、管理科学、权责分明。总之，运动竞赛管理部门主要负责体育训练、竞赛、运动队建设及训练基地发展工作等。

1. 国家体育总局竞技体育司

国家体育总局竞技体育司是我国体育竞赛组织、实施、发展的主要管理机构，下设综合协调处、夏季奥运会处、冬季奥运会处、球类项目处。其主要职责有：

①拟订竞技体育发展规划草案和体育训练竞赛管理制度，并监督执行；

②指导全国体育训练、竞赛、运动队伍建设和训练基地发展工作；

③统筹协调监管全国职业体育；组织重大国际比赛的训练和参赛工作；

④指导组织协调国内综合性运动会的竞赛工作；

⑤参与审核在国内举办的国际、洲际综合性赛事和单项体育赛事；

⑥审查国家正式开展的体育竞赛项目；

⑦负责运动员技术等级、裁判员技术等级、体育运动奖章等事项的审批管理工作，负责竞技体育运动成绩统计、发布和年度贡献奖励工作；

⑧承办总局交办的其他事项。

2. 总局直属单位各管理中心竞赛部

总局直属单位各管理中心竞赛部负责各自项目的总体规划、管理和发展，竞赛的改革与创新，反兴奋剂工作；负责在中国境内国际赛事的组织管理工作；推动项目的普及和运动技术水平的提高，促进运动项目的社会化、产业化发展，增强运动项目的自我发展能力；负责各自项目运动员注册、裁判员培训和组织管理，运动健将和全国纪录的审批。

3. 各省、市、自治区为体育局竞技体育处

①拟定全省竞技体育发展规划和体育竞赛管理制度；

②负责优秀运动员队伍建设和大赛备战管理；

③负责在省内国际、国内大型赛事的组织与管理工作；

④负责全省体育竞赛、竞技运动项目的设置和布局；

⑤指导体育领域的科研和技术攻关、医疗康复，监督高水平运动队的反兴奋剂工作；

⑥负责运动员项目等级审批与报批；

⑦负责与具备条件的各级人民政府、体育行政部门、行业协会、学校、企业、社会俱乐部等独立法人单位或特别突出的个体运动员实施共建联办高水平运动队;

⑧完成局领导交办的其他事项。

(二)运动竞赛制度

运动竞赛制度是指为有效地协调各类竞赛活动,提高运动竞赛管理的规范化和制度化而制定的有关组织竞赛的法规和准则。竞赛制度的制订为推动竞赛事业的发展起到了积极的协调、导向、规范作用。

我国现行的竞赛制度主要包括以下几个方面。

1. 全国综合性运动会制度

全国综合性运动会是调动地方、行业、部队等各方面的积极性发展体育事业的有力杠杆,是发展重点项目、落实奥运会战略的保障措施。全国性综合运动会只设全国运动会(简称全运会)和全国城市运动会(简称城运会)。它由国家体育总局主办,省、自治区、直辖市承办。全运会每4年举行1次,其设置的项目以奥运会项目为主,兼顾非奥运会项目特别是国内优秀项目,以省、自治区、直辖市、解放军和全国一级行业体育协会组成代表团参赛。城市运动会是竞技体育培养、锻炼优秀后备人才的综合性运动会,每4年举行1次。其项目设置以我国开展的重点项目为基本项目。它以省会(自治区)城市、计划单列市、沿海开放城市、经济特区城市、特别行政区为基本参加单位。

2. 全国行业系统运动会制度

全国行业系统运动会是调动各行业办体育的积极性以推动各行业系统的群众性体育活动的开展、发现优秀运动人才为目的的综合运动会。这种性质的运动会包括全国工人运动会、全国农民运动会、全少数民族传统体育运动会、全国残疾人体育运动会、全国大学生体育运动会、全国中学生体育运动会。

3. 全国体育运动单项竞赛制度

全国体育运动单项竞赛是锻炼队伍、检验训练成果、促进出成绩、出人才最有效的手段。

(1)单项竞赛的种类

根据我国的具体情况和管理的需要,国家体育总局把单项竞赛分为正式比赛、辅助竞赛两大类。正式比赛主要包括锦标赛、冠军赛、联赛(球类),以及经国家体育总局批准的单项最高水平的比赛。辅助性比赛主要包括达标赛、分区赛、邀请赛、调赛、协作区赛、杯赛、通讯赛、集训赛。

（2）单项竞赛项目分类及竞赛次数和规模

全国开展的运动项目分为四类，并按类别和主次顺序安排竞赛次数和规模。第一类，奥运会比赛项目中的重点项目。这类项目每年安排 2 次全国最高水平的比赛、1 次青年比赛、1 次少年集训赛；第二类，奥运会一般项目这类项目每年安排 1~2 次全国最高水平的比赛，安排 1 次青年比赛；第三类，为非奥运会比赛项目。这类项目每年安排 1~2 次全国最高水平比赛。还可以安排 1 次青年比赛。第四类，其他项目，这类项目提倡社会办比赛，形式可以多种多样。

（3）单项竞赛时间及地点

单项竞赛以每年 4~11 月为全国夏季运动项目竞赛期。全国各单项竞赛原则上应安排在竞赛期内进行。已经根据项目的特点和国际竞赛需要安排了夏训时间的，原则上不安排全国比赛。冬季可根据项目特点安排竞赛。业余体校的全国单项竞赛以不误上课为原则安排竞赛。竞赛地点和承办单位实行计划与招标相结合的办法予以确定。

（4）参赛单位和参赛办法

全国夏季运动项目的竞赛以省、自治区、直辖市、特别行政区、计划单列市、解放军、全国一级行业体育协会为基本参加单位；冬季项目的竞赛以地、市、州（盟）、解放军、全国一级行业体协为基本参加单位。

4.《全国综合性运动会申办办法（试行）》

制定并实施全国综合性运动会申办办法的目的是为了适应我国经济、文化的发展，特别是国际、国内体育竞赛的发展需要，同时还可以充分调动各方面积极性，提高竞赛的质量和效益，推进竞赛的社会化。

5.《运动员参加全国比赛代表资格注册管理办法（试行）》

这项管理制度是为了进一步适应体育竞赛改革的要求，促进人才合理流动，加强运动员代表资格的管理而制定的。管理办法确定了负责审查运动员资格和进行注册的管理机构、注册的基本单位、注册的依据和注册的时间等主要内容。

此外还有《全国综合性运动会试行工作条例》《全国体育竞赛赛区工作条例》及体育运动全国纪录审批制度和运动竞赛奖励制度等。

三、运动竞赛管理的种类

运动竞赛计划是指在竞赛目标的导向下，预先对竞赛内容所做的筹划与安排。运动竞赛计划是科学、有效地开展竞赛活动的理论依据，运动竞赛计划制订的科学与否将会直接影响运动竞赛管理的效果。

（一）运动竞赛计划的种类与内容

运动竞赛计划按照不同的标准可以分为多种类型，按照计划的范围可分为全国运动竞赛计划、地方运动竞赛计划和基层运动竞赛计划；按照计划的期限可分为长期、中期和短期运动竞赛计划；按照竞赛的主体和竞赛业务可分为竞技体育计划、群众体育竞赛计划、学校体育竞赛计划。一项完善的运动竞赛计划大致由以下几个内容构成：运动竞赛的目标和任务；运动竞赛的种类与规模；运动竞赛工作的步骤、程序与工作要求；运动竞赛的日程安排主要包括竞赛名称、参加对象、竞赛日期、竞赛承办单位和竞赛地点、备注等各项内容；竞赛工作负责人、主办单位、承办单位、协办单位及部门。

（二）运动竞赛计划的制订

①运动竞赛计划制定的程序

我国运动竞赛计划采取自上而下的制订程序。最高层全国体育运动竞赛计划由国家体育总局有关业务部门和各单项运动协会根据中国体育运动发展方针、既定的体育运动竞赛制度和国际比赛活动的规律和国内体育发展的实际而定，经全国体育工作会议讨论确定后颁布实行。各省、自治区、直辖市体育局根据各地（市）、县体育部门及各项单项运动协作则根据上一级竞赛计划，并结合本地区本项目实际需要、逐级制订并颁布。

②运动竞赛计划制定的步骤

首先，明确运动竞赛的目标。一般来说，我国运动竞赛的目标主要有迎接上一级比赛组织运动队，促进运动技术水平的提高，检查训练效果，活跃群众文化生活，推动基层群众体育活动开展等。制订运动竞赛的目标时，要对运动竞赛系统面临的外部环境及内部条件进行全面的调整分析，以确保目标的客观性。

其次，制订运动竞赛方案。运动竞赛目标确立后，应拟定各项竞赛多个具体方案以供选择，使竞赛目标落到实处。竞赛方案的具体内容主要包括确定比赛形式，即组织竞赛的任务、竞赛的范围、参赛者的年龄和竞赛项目的数量等因素；确定比赛时间，即上一级竞赛活动的日程、比赛的常规时间、比赛地点的气候状况、竞赛持续时间及节假日等因素。此外，随着运动竞赛职业化、商业运作的发展，在安排社会影响较大的竞赛活动时应考虑到新闻媒体的需要以吸引更多的企业、商家进行商业宣传，充分利用和挖掘社会资金举办竞赛，提高竞赛的经济效益；确定比赛地点和承办单位，即各类比赛的举办地点应具备场地设施与交通、接待条件，以及当地的经济、文化和欣赏水平等。综合性运动会通常采用组织申办的方式确定承办单位和比赛地点。

再优选运动竞赛方案。对竞赛方案进行优选是提高竞赛计划科学性的必要程序，优选竞赛方案要采取系统的综合分析方法，将各种实际因素系统考虑，最终选出最佳方案。

最后，确定方案，编制计划。备选方案拟定以后，决策者必须仔细分析各个方案的优劣长短，通过各种比例关系的协调统一，提高竞赛计划的整体性。对竞赛计划进行综合考虑和汇总后再上报，请有关决策机关审定、批准，再作为正式计划文件下达各部门、各地区和基层单位贯彻实施。

第三节　课后习题

（1）运动训练管理的概念是什么？
（2）运动训练管理的特点是什么？
（3）运动队管理的主要任务有哪些？
（4）教练员的管理职责有哪些？
（5）运动员的管理有哪些内容和方法？
（6）我国运动训练管理体制的类型有哪些？
（7）运动竞赛如何进行赛前工作的组织于管理？
（8）运动竞赛如何进行赛中工作的组织于管理？
（9）运动竞赛如何进行赛后工作的组织于管理？
（10）运动竞赛管理的组织机构的组成？
（11）运动竞赛计划的种类有哪些？内容是什么？
（12）如何制订运动竞赛计划？

第五章 体育赛事组织与管理

所谓"管理",从词义上理解就是管辖范围内的治理。但是"管理"作为一个科学概念,其基本要素:一是管理活动以人为主体;二是管理活动以人和物质要素为客体;三是管理活动有一定的目的性,即主体有目的地作用于客体而形成的活动。管理是指人们为实现一定的目的,而对人、财、物、时间、信息等要素所进行的计划、组织和控制等一系列活动。任何管理都是针对某一系统或工作而言的。就运动竞赛而言,运动竞赛管理是指运动竞赛管理者为实现竞赛系统的功能目标而对竞赛进行科学的计划、组织和控制的活动过程。

与此同时,有些专家学者也提出了诸如体育赛事运作、体育赛事运作管理、体育赛事项目管理等概念。体育赛事运作是指体育赛事主办主体通过行使管理职能对赛事投入的人力、物力、财力和信息技术等进行合理使用和分配,有效率和有效果地创造出竞赛产品和相关服务,从而达到赛事目的和目标的过程。体育赛事这种转换过程需要管理,体育赛事运作的实质就是对这种输入和产出过程的管理。

第一节 体育赛事的组织实施

一、体育赛事组织与实施的基本内容

在决定启动赛事之后,体育赛事计划的下一个阶段就开始了,即体育赛事的组织与实施。按照马斯特曼(Masterman)的理论,体育赛事的组织与实施包括两个阶段:第一阶段是在赛事举办前,预先计划好赛事所需的一切,目标是在特定的日期、特定的时间举办赛事;第二阶段是举办赛事本身,对所有计划好的内容进行管理。不同类型的体育赛事在复杂程度和量上可能有很大区别,但其进行组织与实施的步骤基本上是相同的。因此,本部分的讨论适用于各种规模赛事过程,而不是简单地描述。

在实际操作过程中，体育赛事的组织与实施早在启动阶段就已经开始，贯穿于计划的整个过程，开始于启动赛事，结束于赛事的落幕。本部分的内容主要阐明开始于早期计划阶段的组织与实施，提前了解这些领域很有必要。

这一阶段，赛事管理者必须能够利用组织技能，进行人员管理、谈判，与各方协调。成功管理赛事需要一个系统，由它对做什么、谁来做，以及何时进行管理使项目的实施照规划进行。艾伦（Allen）等人提出赛事的组织与实施过程具有以下6个步骤。

（一）明确工作范围

明确工作范围，估计工作量。

1. 工作人员

体育赛事管理团队需要不同层级的管理者和领导者，任命管理者和领导者往往是赛事开始的标志。只有管理者和领导者都到位才能实施计划，使之顺利进行。与此同时要避免多头领导，明确管理者和领导者的权利和义务，以保证管理决策的迅速性和有效性。

2. 志愿者

悉尼有62 000名志愿者（奥运会47 000名，残奥会15 000名），北京奥运会约有70 000名志愿者（奥运会40 000名，残奥会30 000名）。很显然，体育赛事对志愿者的需求量是很大的。在计划的过程中就要考虑到财务支出（招募费用、服装、食物、交通等）及教育培训等问题。

3. 利益群体

利益群体主要包括观众和参赛者。

（1）观众

体育赛事能否举办成功，还在于观众的支持程度，只有让观众满意，才能产生经济效益。保持观众的忠诚度，则需花些力气和功夫来认真对待他们。体育赛事最吸引观众的还在于展现精彩的竞赛过程。因此，体育赛事的运动竞赛部分是很关键的，要以观众的合理需要为中心进行准备，安排合理、连贯的运动竞赛过程。

（2）参赛者

组成宏大场面焦点的参赛者是留住观众的重要因素之一。

因此，要以敏锐的眼光发掘重要的团队或个人，认真对待他们，以增加体育赛事的看点。

（二）任务分析

任务分析的主要目的就是财务预算，评估各项工作板块的费用、所需时间、人员和物资供应等。这一步骤必须在赛事计划过程中就开始进行了，并要根据实际需要不断进行内部调整，总预算费用一般不变。

（三）制定进度表

将每项关键任务列入时间表，并特别说明完成任务的最后期限。

（四）责任分配

必须明确每项任务的责任区域，建立与之匹配的组织结构，并形成配套的沟通模式，才能和谐地对每个责任区域进行管理。每一组织结构中的管理者都具有相应的责任划分，操控着他们所管辖的微小区域，这些微小区域又必须与体育赛事的总进程相融合。为了避免这些微小的区域责任与总进程相冲突，体育赛事的总领导人应通过沟通与信息传递控制和维持总进程，让这些微小区域服从于总进程，与总进程保持一致。

二、体育赛事的组织形式

赛事运作是整体赛事顺利行进的无形动力，赛事运作大致分为三个阶段：赛事筹备阶段、赛事举办阶段、赛事收尾阶段。每阶段赛事的任务因赛事大小而定。

（一）赛事筹备阶段及任务

筹备阶段是指赛事决策者选择需要举办的体育赛事后，按赛事举（承）办权的确定方式，该机构在取得赛事举办权后开始准备，直至赛事正式开始前这一工作阶段。赛事的筹备阶段是赛事各阶段时间最长的阶段，是为了举办阶段所举行的比赛活动与其他主题活动做准备。

基础筹备阶段是筹备阶段的初期，为进入全面等备阶段做好准备。其中体育赛事总体策划在赛事筹备工作之初起着提纲挈领的作用，影响和指导着赛事的整体组织运作，其主要任务是：

第一，组建赛事的组织运作机构。任何计划都需要有明确的主体去执行，这个主体就是赛事运作管理机构，不同类别与性质的赛事，其运作机构也不尽相同。当体育赛事的主办单位决定自己承担赛事运作时，赛事的运作管理机构就是主办单位自身。当体育赛事的主办单位将某项赛事运作交由其他单位完成时，赛事承办单位就成为赛事的实际运作机构。在设置赛事运作管理机构时，要符合赛事举办地的实际情况，并与政府或组织的部门职能相匹配、运作方式相对应。要分工合理、职能清晰、责权利相结合；要有利于工作总体协调，各项资源的合理配置；工作的难点要适中、管理跨度适当、便于统筹管理。大型赛事，通常是主办单位与承办单位共同设立组织委员会组成体育赛事运作管理机构，或在组委会的领导下成立执行委员会，在组委会或执委会下设与赛事运作相关职能的部门作为办事机构；小型单项社会赛事设组委会，办事机构设综合处、竞赛（场地与器材）处、综合保障处、宣传与推广处、市场开发处、接待处等，明确各处的工作职能。基层单位自办赛事可以成立赛事领导小组或筹备小组，办事机构下设相应职能的组或指派责任人。其中竞赛管理组织机构是竞赛筹备工作的关键环节竞赛竞赛管理组织机构没有固定的模式，一般大型综合性赛事设立赛事组委会竞赛部及各场馆和项目竞赛委员会，一般社会性体育赛事在赛事办事机构竞赛处下设综合组、竞赛组、场地器材组及颁奖组，必须明确各部门的组织职能与职责。

第二，制定规章制度。制度是指要求大家共同遵守的办事规程或行动准则。在体育赛事筹备阶段，运作机构会建立一系列制度，来规范赛事各参与对象的行为，主要包括组织管理制度、业务管理制度和考核与奖惩管理制度等。组织管理制度包括办公会议制度、联络员会议制度、督办工作制度、组织人事制度等；业务管理制度主要包括竞赛相关的管理制度、器材设备的采购、配置的相关管理制度、市场开发相关管理制度、财务管理制度、固定资产管理制度、公文档案管理制度、志愿者服务制度等；考核奖惩制度包括工作检查制度、工作人员奖励办法及过失责任追究办法等。

第三，抽调相关人员。当我们为体育赛事运作管理机构选择了适当的组织机构，设置了职能部门，下一步，就需要为实现赛事既定目标、履行各部门职责组建、培训、使用、激励工作人员，这也是赛事运作的人力资源管理，赛事人员配备应根据赛事的性质与规模，根据机构编制计划、人员配置计划抽调相关人员，包括借调或委派人员、专职工作人员和志愿者等。

第四，业务学习与培训。根据赛事筹备工作的需要，这些人员分批到位并进行学习培训。首先，组委会管理层人员学习培训，组委会各处室的主任、组长构成了赛事筹备工作的管理层，通过组织组委会管理层的培训，是提高赛事管理水平的主要措施。其次，赛事专项工作培训，体育赛事是由若干项工作组成的，如竞赛工作、接待工作、市场开发工作、场地器材工作、安全保卫工作、志愿者服务工作、医疗卫生工作等。针对某些专项工作进行培训,既是学习业务的过程,也是跨部门工作协调的过程,包括讲座培训、实际操作培训。最后,进行工作人员培训按照组委会的工作规范、按不同的时间与节点,快速提高工作人员的业务素质。

第五,制订赛事方案。通过组织业务学习,然后根据体育赛事的总体计划,由各办事机构指定的责任人召集相关人员制订赛事工作方案。工作方案是指体育赛事各类工作行动的准则,是做好各项工作的纲领性、原则性、指导性文件。工作方案主要是指各专项工作方案,如体育赛事竞赛工作的筹备方案、体育赛事综合保障方案、体育赛事市场开发方案、体育赛事宣传工作方案、体育赛事的接待方案、体育赛事主题活动方案、体育赛事风险防范方案、体育赛事的颁奖方案、财务预算方案和志愿者招聘方案等。赛事各方案经讨论修改后,报组委会审定批准。

第六,制订执行计划。按照体育赛事办事机构的设置和职能,根据人员的性格、专业等特点,定职定责,科学分工。按照工作分工,在体育赛事工作方案的基础上,制订可行的具有操作性的执行计划,内容包括"什么事""谁来做""什么时候做"等。在制订赛事执行计划时,先列出工作清单,根据工作清单制订工作进度图(表)和工作流程表。工作进度图(表)是按照不同的工作类别和标准,明确规定该项工作的起止时间、完成该项工作的责任部门、协助完成该项工作的部门,将上述内容按照时间节点的排序,编制成一份重要管理文件。工作进度图(表)是用来对赛事工作节奏控制;工作流程表是指按照时间先后顺序,规定在同一时间之内,不同工作部门要实现的任务,编制一份赛事表格来规范各办事部门的行为。

第七,选定或租赁比赛场馆。体育场馆是体育赛事最重要的载体,没有体育场馆,体育赛事也就无法举办。大型综合运动会,根据赛事的需要,一般由政府或社会筹资,新建或修体育场馆;小型单项的社会性体育赛事,一般租借比赛场馆。因此,小型社会性体育赛事在确定赛事的举(承)办权后的筹备阶段,选定或租赁体育场馆是头等大事,选定的比赛场馆要完备场馆附近交通、食宿方便,一旦与场馆所有者商定好,马上签订租赁合同。

第八,选定或制定竞赛规程。竞赛规程是体育赛事竞赛管理的纲领性文件,俗称"体育赛事的基本法",是竞赛组织者与参与者都必须遵守的规定。综合性运动会的竞赛规程包括竞赛规程总则(总规程)和各单项竞赛规程。单项赛事则只需要制定单项竞赛规程。竞赛规程一般由竞赛管理组织机构制定,并征求相关单位的意见，修订后由举办单位公布并下发到各参赛单位。制定社会赛事竞赛规程一般应包括赛事全称和简称、竞赛的日期与地点、竞赛项目、参加单位、运动员的参赛资格、参赛办法、竞赛安排、录取名次与奖励办法、报名与报到、未尽事宜和规则解释权。

竞赛规则是对竞赛工作的技术规范的约定，是对竞赛场地、器材条件的规定，是竞赛行为的规范和裁判执法的依据。竞技类体育项目有国际通行的竞赛规则，基层小型社会体育赛事既可以选用各项目通行的国际竞赛规则，也可根据竞赛的需要作适当调整，但必须在竞赛规程中予以说明。竞赛规程与竞赛规则共同实现对竞赛工作全过程的控制。

第九，全面启动赛事筹备工作。体育赛事的各职能部门，按照举办单位要求，赛事组委会的统一安排，全面启动筹备工作，确保任务落实到位。要通力合作，各尽其责，增强责任心、使命感、纪律性。在全面启动赛事筹备工作后，要善于利用体育赛事运作的管理机制，通过会议构建赛事的管理机制，通过制度构建赛制的运行机制，通过工作规范的实施构建赛事筹备工作的实施机制，通过培训构建赛事运作的效率机制。

（二）赛事举办阶段及任务

1. 按赛事接待方案做好接待服务工作

体育赛事的接待服务工作是体育赛事举办阶段的重要工作之一，比赛的领导、嘉宾、运动员、裁判员抵达赛事举办地，标志着体育赛事进入举办阶段。各项接待服务工作开始进入实施阶段，各接待站按照各自的工作方案进入工作状态。我们要重视接待工作，根据赛事接待方案，围绕运动员、教练员和各方来宾的食、宿、行，提供热情、周到、优质的接待服务。并做好比赛证件和赛事相关的资料的发放工作。

2. 按体育赛事主题活动方案做好赛事主题活动

赛事主题活动是赛事组织者组织的或由赛事组织者批准组织的与赛事相关联的体育、文化、经济及会议等活动。体育赛事举办过程中组织相关活动，可以提升赛事的规格，进一步发挥赛事的载体作用，提升赛事举办地的知名度、关注度与美誉度，也是体育赛事的重要组成部分。有的赛事主题活动在筹备期已经启动，如赛事市场开发主题活动等，在赛事举办阶段应按体育赛事主题活动方案做好各项主题活动，社会性体育赛事通常举行以下主题活动。

（1）裁判员学习会议

组织裁判人员学习规则的各项规定和补充规定，研究裁判工作方法，进一步统一判罚尺度，并组织裁判人员进行裁判实习。

（2）召开组织委员会全体会议

主要介绍赛事主办的主要活动,向全体委员、各代表团（队）提出要求与希望。

（3）裁判长、领队教练员联席会议

传达组委会关于竞赛方面的决议和规定，明确竞赛规程中的规定及补充规定，阐述竞赛日程安排、宣布运动队和运动员体育道德风尚奖的评选工作事宜以及对运动队的管理、安全保卫等提出要求。

（4）简短的开闭幕式

体育赛事的开幕式和闭幕式是体育赛事成功开始和圆满结束的标志性事件，这使得开幕式和闭幕式成为展示赛事运作水平和整体形象的最佳载体之一。大型比赛开闭、幕程序比较复杂，并有大型团体操或文艺表演，小型的单项比赛开闭幕式则相对比较简单，开幕式程序可由赛事组委会领导致欢迎词、赛事主办单位领导宣布开幕、运动员代表讲话组成，也可穿插一定的文艺表演或者其他庆典活动。

（5）与体育赛事关联的小型文化活动

如展览、活动展示、健身与健康方面的知识讲座等。赛事举办期间的活动组织要遵循的原则有：围绕《竞赛总规程》规定和日程组织活动；遵循确保安全、活动简洁、庄重、规范的原则。组织这些非竞赛活动的目的，是提升赛事规格，进一步发挥赛事的载体作用，提升赛事举办地的知名度、关注度和美誉度。

3. 按竞赛规程和秩序册的安排组织比赛

组织比赛是整个竞赛工作的中心环节，也是体育赛事运作最核心的工作，比赛的参与者是运动员、教练员、裁判员、技术官员、随队官员和医务人员等。在赛事举办阶段，竞赛组织是按竞赛规程和秩序册的安排组织比赛，具体工作包括点名、检录、比赛（预赛、复赛、决赛或小组赛、半决赛、决赛）。比赛开始后，竞赛组织部门首要做好成绩的统计和公布工作，尤其要做好每日成绩公告，及时将赛事信息、成绩公告等通过组委会办公室发送给相关部门，以便相关人员及时掌握和报道。当比赛全部完成后，编制好各代表队的运动成绩手册。

4. 按体育赛事的保障方案做好各项保障工作

按保障方案，围绕赛事和活动的安排提供综合保障服务。在场馆器材的保障工作方面，赛前全面检查落实场地器材等准备工作，保证比赛顺利进行；在安全保卫工作方面，坚持预防在前、发现在早、处置在小，维护好赛事秩序，加强重点领域的防范，强化社会治安管控；在医疗工作方面重点是现场医疗救护的组织实施、卫生监督、疾病控制、突发事件的处理（如食物中毒）等。在志愿者调配方面，按志愿者调配使用制度，做好岗位对接。此外，在其他保障工作方面，如通信、供电与供水、供气与供热等，要组建快速抢修队随时待命，同时注意气象变化，制定应变措施。

5. 按赛事颁奖方案做好颁奖工作

颁奖工作也是竞赛工作的重要组成部分，按颁奖方案做好赛事的颁奖工作，尤其是运动员的颁奖和运动队的体育道德风尚奖的颁奖工作，包括颁奖嘉宾的邀请、志愿者的安排等，应按颁奖程序与要求提前做好相应的工作。

6. 做好比赛的风险防范

体育赛事风险是指不确定事件发生的可能性。一旦发生赛事风险，其后果会延误体育赛事或导致体育赛事损失甚至失败。体育比赛中的风险管理就是尽可能识别在比赛过程中潜在的可能对赛事产生负面影响的不确定事件，对它们可能产生的影响进行评估，根据筹备阶段制定的相应风险处理的方案或制订应急计划采取措施，使它的可能性降低或者使其负面影响降到最低程度。及时识别风险、科学决策、果断处置、主动防范与转移相结合，是体育赛事风险防范的最主要和最有效的措施。体育赛事举办阶段可能发生的风险主要在接待工作、竞赛组织、医疗卫生、开闭幕式组织、安全保卫等方面，此外还有食品安全卫生方面的食物中毒风险。

（三）赛事收尾阶段及任务

1. 体育赛事收尾阶段与主要任务

体育赛事收尾阶段是指按总体工作方案完成全部竞赛组织和相关主题活动的组织工作后，对赛事进行评估总结，并完成赛事全部后续工作的阶段，直至交出总结报告和审计（财务）报告，转移人员，撤销赛事组织机构为止。通常当赛事全部结束，闭幕式举行完毕，标志着赛事进入了收尾阶段。这一阶段工作完成后，本次赛事即告全部结束。具体工作如下。

（1）回收器材与设备，做好赛事财务决算

体育赛事器材与设备等固定资产主要包括办公用品、竞赛器材与设备、活动设备，赛事结束后，所有登记在册的设备、器材、办公用品，应该尽快对其进行妥善处置。按照"谁发放，谁回收"的原则负责清点回收，回收的固定资产应妥善保管。发现固定资产损坏、遗失应当注明原因，报管理层批准并依财务程序办理销账手续。回收固定资产由使用部门提出处理意见，报管理层审批后调拨给有关部门使用。赛事结束后，赛事运作管理机构各部门负责经管物资的人员，必须在统一规定的时间内办理分管财产物资交接手续。

（2）做好赛事财务决算

在赛事收尾阶段，对应收付款项应及时清理结算，避免经济损失或纠纷。在做好财务结算的基础上，制定赛事运作管理期间的全面财务报告，以使赛事运作管理机构及赛事主办单位了解整个赛事运作的收支及盈利情况。要达到这个目标不可能只依靠最后几天的加班加点，它依赖于赛事运作管理机构日常健全的财务制度，以保证财务报表的定期更新，这样才能在比赛结束后的最短时间里得出准确详尽的财务报告。

2. 做好赛事工作总结

对赛事运作管理工作进行全面评估总结，是体育赛事收尾阶段中最重要的工作之一，它既是对体育赛事运作管理各个方面工作的整体回顾，也是对取得的成绩的肯定、对经验的探讨及对教训的剖析，其最终目的是促进运作机构，以及机构人员素质的提升，使以后赛事或者其他相似活动的组织工作更上一层楼。

体育赛事评估总结工作通常采取自下而上的方式，首先，由赛事运作管理机构所属的各职能部门进行部门工作评估总结；其次由各部门逐级上报汇总，实施多层面、全方位、立体式分析；最后，形成赛事的整体总结报告。

3. 表彰与答谢

体育赛事在收尾阶段，应该有赛事组织者向体育赛事运作管理的外部机构及人员致谢，而对于赛事运作内部机构及人员也应表示感谢并给予表彰。这样做的意义在于：维系内部与外部利益相关者的良好关系，保持运作管理机构的良好形象，肯定内部工作人员的价值与成就，激励他们在将来的工作中更加努力。

致谢和表彰的方式多种多样，包括物质和精神方面，应该从赛事的规模、规格、预算以及致谢与表彰的对象等多方面进行权衡和考虑，加以选择创新。无论是何种方式的表彰和致谢，要想得到预期的良好效果，关键则在于让致谢和表彰的对象感到自身有价值、被认可并受到重视。

4. 赛事相关文件的归档

在赛事结束阶段对赛事整体运作的各类文件进行整理、归档，这里所说的需要归档的文件是指在赛事筹备和举行全过程中形成的具有保存利用价值的各种文字、图表、账册、音像、电子文件和实物等不同形式的历史记录。无论是何等规模、何种类型的赛事，都应该对文件归档范围及要求做出明确规定，以便于各工作部门及人员在收集、整理、移交文件时有章可循。

5. 向审批者提交赛事总结报告，财务审计报告

赛事结束后，及时对赛事进行总结评估，撰写好赛事总结报告，编制财务报告，财务报告经审计部门审核后，连同总结报告一起给报主办单位审批备案，小型比赛无须审计但要做到账目公开，商业性赛事财务盈利则涉及合伙人的分成。

6. 人员转移与赛事机构的撤销

（1）人员转移

体育赛事的成功举办是工作人员辛勤工作的成果，赛事收尾阶段应要妥善安排工作人员转移，让工作人员愉快而来、满意而归。在工作人员转移前，要明确人员转移的时间、范围与方式，大型综合性运动会通常采取分期分批的方式，在收尾阶段各专项工作完成后，就可组织无关人员先行转移。抽调人员，返回原单位，招聘人员，则按合同到期自动解除雇佣。小型比赛工作人员大多来自举办赛事单位，人员转移相对简单，如学校的比赛，工作人员都来自本单位；社区的比赛除专业裁判人员外，其他工作人员基本在本社区抽调而来。在赛事收尾阶段，外调工作人员完成工作移交后便可转移，本单位工作人员按要求完成后续工作后，再回原岗位。无论是大型还是小型赛事，一定要做好人员转移的保障工作，包括总结、表彰、欢送及奖金和补助的发放等。

（2）赛事机构的注销

体育赛事的运作组织一般是临时的机构，在赛事收尾阶段，在对任务完成过程进行总结、对组织成员进行表彰、对不同类型工作人员的流向做出合理的安排之后，便开始注销赛事的组织机构。大型综合性赛事，要按照当时组委会组建程序做好相关注销工作，包括停止公章的使用、注销账户等，向公众宣布组委会正式解散，以作为本次赛事的终结。小型赛事的组织机构，在完成赛事全部工作后，直接宣布解散。

三、体育赛事工作的管理

如果在体育赛事中缺乏足够的控制，它将面临巨大的成本消耗或达不到体育赛事的最终目标。无论计划做得如何周全，如果没有良好的组织控制系统，则体育赛事的决策和计划就不能得到很好的贯彻执行。为了达到更有效的赛事结果，体育赛事的组织管理者必须设计一个良好的组织控制系统。

体育赛事的控制是对体育赛事中各项活动的监视，从而保证各项行动按计划

进行，并纠正各种显著偏差的过程。控制这一环节穿插在计划、组织与实施和收尾工作中，一般进行财务控制和风险控制。即使是体育赛事的组织管理者目前所管辖的部门按计划行动着，也仍须在管理过程中进行控制（因为管理者对已经完成的工作与计划所应达到的标准进行比较之前，并不知道其他部门的工作是否进行得正常）。有效地控制可以保证体育赛事的各项行动朝着想要达到体育赛事目标的方向发展。确定控制系统的有效性的准则就是看它在促进组织目标实现时做得如何。控制系统越完善，管理者实现组织的目标就越容易。

（一）体育赛事控制的步骤

按照斯蒂芬·P.罗宾斯（Stephen P.Robbins）的管理理论，控制过程可以分为三个步骤：衡量实际绩效；将实际绩效与标准进行比较；采取管理行动来纠正偏差或不足。同样，体育赛事的控制过程也可以分为这三个步骤，在这一控制过程中，体育赛事所要达到的最终目标或目的总是存在的，根据这些已存在的目标可以对实际行动进行衡量。按照罗宾斯的管理理论，体育赛事的目标与目的必须在计划过程中产生，计划必须先于控制。

1.衡量实际行为

为了确定体育赛事管理的实际工作绩效究竟如何，组织管理者首先要收集必要的信息，然后开始控制的第一步，即衡量。在进行衡量时，应考虑如何衡量和衡量什么。

（1）如何衡量

个人的观察、统计报告、口头汇报和书面报告常被管理者用来衡量实际工作绩效。合理利用这些衡量方式，可以大大增加信息的来源，并提高信息的可信程度。

（2）衡量什么

衡量什么比如何衡量更重要。错误地选择了衡量内容，将会导致严重的不良后果。此外，衡量什么将会在很大程度上决定体育赛事组织中的员工追求什么。

在体育赛事中的许多工作或活动是可以用确定的或可度量的衡量标准来衡量。当不能用定量方式衡量时，管理者应该寻求一种主观衡量方法。虽然任何建立在主观标准上的分析和决策都有局限性，但仍要进行衡量，这总比不衡量可取。

2.实际行为与标准进行对比

这一步骤用来确定实际工作成绩与标准之间的偏差。在所有活动中包括体育赛事，偏差是在所难免的。因此，确定可以接受的偏差范围非常重要。如果偏差显著地超出某一范围，就应该引起管理者的注意。在这一阶段，管理者应特别注意偏差的大小和方向,过低估计和过高估计引起的后果同样都有害。

3.采取管理行动

标准来源于目标,但目标又是在制订计划时得到的。这些目标反过来成为控制过程的基础,控制过程基本上是一个在衡量、比较和管理行动之间的连续流动过程。根据比较阶段的结果,管理者所采取的管理行动决策可以是什么也不做、改进实际工作或修订标准。什么都不做很容易理解,所以让我们着重讨论后两种行动。

(1)改进实际工作

如果偏差是由于工作的不足所产生的,管理者就应该采取纠正行动。纠正行动的具体方式包括管理策略、组织结构、补救措施或培训计划上的调整,也可以是重新分配员工的工作,或解雇员工。管理者在采取纠正行动之前,首先要决定应该采取直接纠正行动还是彻底纠正行动。直接纠正行动是指立即将出现问题的工作纠正到正确的轨道上;而彻底纠正则首先要弄清工作中的偏差是如何产生的,为什么会产生,然后再从产生偏差的地方开始进行纠正行动。事实证明,对偏差进行认真的分析,并花一些时间永久性地纠正实际工作表现与标准之间的偏差是非常有益的。

(2)修订标准

工作中的偏差也有可能来自不现实的标准,也就是说,标准定得太高或太低。在这种情况下,是标准值得注意,而不是工作表现,因此要对标准进行修订。

(二)体育赛事控制的类型

管理中的控制手段可以在行动开始之前、进行之中或结束之后进行。第一种称为前馈控制,第二种称为同期控制,第三种称为反馈控制。

1.前馈控制

前馈控制是最渴望采取的控制类型,因为它能避免预期出现的问题。它发生在实际工作开始之前,具有未来导向的作用。前馈控制是采取措施避免问题的发生,其关键是在问题发生之前采取管理行动。这种控制需要及时和准确的信息,因此很难做到。但可借鉴其他体育赛事的经验,也可通过环境分析(如天气预测等)提前预防,采取措施。

2.同期控制

同期控制是发生在体育赛事进行之中的控制。在体育赛事进行时予以控制,管理者可以在发生重大损失之前及时纠正问题。最常见的同期控制方式是直接视察。当管理者直接视察下属的行动时,管理者可以同时监督雇员的实际工作,并在发生问题时马上进行纠正。在体育赛事中,这种控制方法最常用。目前,将录像监控系统引入体育赛事中,能很好地进行实时控制,以降低风险。

3. 反馈控制

反馈控制作用发生在行动之后。反馈控制为管理者提供关于计划的效果究竟如何的真实信息。如果反馈显示标准与现实之间只有很小的偏差,说明计划的目的达到了,如果偏差很大,管理者就应该利用这一信息使新计划制订得更有效。但反馈控制也有不利的一面,管理者获得信息时浪费或损失就已经造成了。对体育赛事的评估实际上就是反馈控制,它不仅是一种总结与弥补,而且可以为其他体育赛事的举办积累经验。

第二节 体育赛事的管理

一、体育赛事信息技术化管理

沟通是指意义的传递和理解,意义不仅要得到传递还要得到理解,良好的沟通是准确理解信息的意义。赛事的沟通存在于赛事的整个过程,有效地沟通是使赛事组织内部人员明白任务和管理顺利的保证,也是解决部门之间冲突的前提,更是赛事营销的重要内容。赛事的沟通包括人际沟通和组织沟通,人际沟通的方式主要包括面对面、电话、会议、出版物、信件、传真、宣传手册、竞赛手册、规则手册等;组织沟通包括正式沟通和非正式沟通,从沟通信息的流向上来看包括下行沟通、上行沟通、横向沟通和斜向沟通。

信息技术在根本上改变了赛事内部成员间及对外沟通方式,赛事组织与外界和内部在信息沟通上都出现了利用互联网进行信息沟通(如网络宣传、电子邮件、音频邮件、传真、电子数据交换等)。信息技术的出现使赛事内部间,以及内部与外部的沟通和信息交换已不再受制于空间和时间。

二、体育赛事反兴奋剂管理

自 20 世纪 80 年代以来,随着我国对外开放的不断扩大,随着竞技体育竞争的日趋激烈,特别是体育商业化所带来的种种负面影响,兴奋剂这一"国际公害"也开始波及国内。为了卓有成效地开展反兴奋剂斗争,我国政府和体育界先后采取了一系列措施，包括不断加强反兴奋剂的法律法规体系建设，实行严格的兴奋剂检查制度，对使用兴奋剂行为进行严肃处理，积极开展反兴奋剂教育，加强科学研究和国际交流等，而其中非常重要的一项措施就是建立并不断完善了我国的反兴奋剂管理体制。

我国反兴奋剂管理体制发展的4个阶段。

（一）第一阶段（1992年7月以前）

1984年2月，我国政府的体育主管部门国家体育运动委员会（以下简称"国家体委"）决定，为了适应1990年在北京举办第11届亚洲运动会的需要，开始筹备建立兴奋剂检测中心。1985年8月和1987年2月，国家体委先后颁发文件，要求"严格执行国际奥委会关于禁用兴奋剂的规定"，宣布"在全国大型比赛中对运动员服用药物要进行抽样检查，一经发现服用禁用药物，则按有关规定查处"。但由于当时还不具备相应的技术条件，因此，实际上并没有真正在国内正式开展全面的兴奋剂检查。1987年6月，国家体委运动医学研究所正式成立，主要任务之一是承担在我国举行的重大国际、国内比赛的兴奋剂检测及其研究工作。1989年5月，国家体委主任办公会议专门研究了国内、外日渐严重的兴奋剂问题。这次会议正式提出对兴奋剂问题要实行"严令禁止、严格检查、严肃处理"的方针。随后，国家体委颁发了《全国性体育竞赛检查禁用药物的暂行规定》。1989年12月，中国兴奋剂检测中心通过国际奥委会资格考试，正式投入使用。1990年，国内开始正式进行兴奋剂检查，当年全国共检查165例，阳性率为1.82%。

（二）第二阶段（1992年7月—1998年5月）

1992年7月，中国奥委会反兴奋剂委员会（以下简称"反兴奋剂委员会"）宣布成立，主要职责是研究、协调、组织实施有关工作。反兴奋剂委员会的日常工作由国家体委科教司负责。1992年7~8月，第25届奥运会在巴塞罗那举行，我国运动员以16枚金牌的成绩名列第四，但个别运动员发生了因误服导致的兴奋剂阳性事件。1993年9月，中华人民共和国第七届全国运动会共进行兴奋剂检查534例，查出阳性16例，阳性率高达3.0%。1994年10月，在日本广岛举行的第12届亚运会上，11名中国运动员被查出兴奋剂阳性。中央领导在听取国家体委有关情况汇报后指出："宁可不要金牌也不能使用兴奋剂"。

1995年2月，为了进一步加大反兴奋剂工作力度，反兴奋剂委员会决定设立办公室和检查处。办公室的具体职责由科教司科技处承担，检查处则设在运动医学研究所。1995年3月，国家体委颁布了《禁止在体育运动中使用兴奋剂的暂行规定》（体办字〔1995〕68号）。文件明确了我国的反兴奋剂管理体制为"国家体委对全国的反兴奋剂工作实行统一领导，由中国奥委会反兴奋剂委员会组织实施。"，要求"各级体育行政部门、各有关体育组织和体育事业单位应有相应的机构或指定专人，负责管理本地区、本系统、本单位的反兴奋剂工作。各级体育行政监察部门应加强对反兴奋剂工作的监督检查。"文件还规定了赛内和赛外兴奋剂检查、兴奋剂检测分析、申诉、处罚、仲裁等重要环节的责任单位和工作程序，但对国家体委的领导职责并未做出具体表述。相反，在反兴奋剂委员会的职责中写入了应由政府部门承担的职责，例如："研究制定全国反兴奋剂工作的方针、政策和措施。"，"指导、协调、监督全国性体育组织和各省、自治区、直辖市、计划单列市的反兴奋剂工作"等。1995年8月，《中华人民共和国体育法》正式颁布实施，其中第33条规定："在体育运动中严禁使用禁用的药物和方法。禁用药物检测机构应当对禁用的药物和方法进行严格检查。"第48条规定："在体育运动中使用禁用的药物和方法的，由体育社会团体按照章程规定给予处罚；对国家工作人员中的直接责任者，依法给予行政处分。"广岛亚运会兴奋剂事件发生后，1995年全国兴奋剂检查数量大幅度提高到1914例（比上年提高48%，比1990年提高了10.6倍），阳性率从1.82%下降为0.68%。1996年7~8月，第26届奥运会在亚特兰大举行，我国运动员再次以16枚金牌的成绩名列第4，未发生任何兴奋剂问题，但美国等西方媒体仍然就兴奋剂问题对我国进行无端指责。1997年10月，第八届全运会共进行兴奋剂检查695例，查出阳性10例，阳性率为1.4%。1998年1月，在澳大利亚珀斯举行的世界游泳锦标赛期间，先是澳大利亚海关查出中国运动员携带禁用生长激素药物，后有4名中国运动员被查出兴奋剂检测呈阳性。珀斯兴奋剂事件发生后，1999年，全国兴奋剂检查数量再次大幅度提高到3505例（比1995年提高了83%），阳性率下降为0.46%。

（三）第三阶段（1998年5月—2007年11月）

1998年5月根据国务院机构改革方案和《国务院关于机构设置的通知》，国家体委改组为国家体育总局（以下简称"体育总局"），是国务院主管体育工作的直属机构。体育总局的主要职责中首次规定了"组织开展反兴奋剂工作"，并明确由科教司承担相关具体工作。1999年12月，体育总局第1号令发布《国家体育总局关于严格禁止在体育运动中使用兴奋剂行为的规定（暂行）》，进一步明确规定了体育行政部门、全国性单项运动协会、有关事业单位及其他社会团体在对违规行为的处罚、申诉、仲裁的执行和监督等工作的职责分工和工作程序。2000年9月,第27届奥运会在悉尼举行,我国运动员以28枚金牌、名列第三的成绩取得了历史性突破。其中,赛前主动、坚决、果断处理好代表团成员中的兴奋剂问题,赢得了国际体育界的高度赞许。2001年11月,第九届全运会共进行兴奋剂检查1320例,查出阳性13例,阳性率为0.98%。2002年7月,在《中共中央 国务院关于进一步加强和改进新时期体育工作的意见》(中发〔2002〕8号)中指出:"为适应社会主义市场经济的发展,深化我国体育管理体制改革势在必行。要明确政府和社会的事权划分,实现管办分离,把不应由政府行使的职能转移给事业单位、社会团体和中介组织。体育行政部门要把工作重点转移到贯彻国家方针、政策,研究制定体育行业政策和发展规划,依法加强行业管理和提供服务上来。"该文件也为我国反兴奋剂管理体制的进一步改革指明了方向。2003年3月,世界反兴奋剂机构(World Anti-Doping Agency,WADA)在丹麦首都哥本哈根召开第一次世界反兴奋剂大会,会议通过了《世界反兴奋剂条例》,体育总局副局长于再清代表中国政府签署了《哥本哈根宣言》,承诺执行该条例。该条例首次正式提出了建立国家反兴奋剂机构的要求,明确规定了国家反兴奋剂机构的职责。2004年1月,国务院令第398号公布了《反兴奋剂条例》,其中,第4条规定"国务院体育主管部门负责并组织全国的反兴奋剂工作。县级以上人民政府食品药品监督管理、卫生、教育等有关部门,在各自职责范围内依照本条例和有关法律、行政法规的规定负责反兴奋剂工作。"第5条规定"县级以上人民政府体育主管部门,应当加强反兴奋剂宣传、教育工作,提高体育运动参加者和公众的反兴奋剂意识。"《反兴奋剂条例》还首次明确了禁用药物管理、兴奋剂检查与检测的主管部门,明确了体育社会团体和运动员管理单位等在反兴奋剂方面的职责。2004年2月,英国标准协会向反兴奋剂委员会颁发了《中国兴奋剂控制管理体系》的ISO9001:2000质量认证证书。该体系以1999年国际标准化组织(ISO)通过的《兴奋剂控制国际标准》为基础,包括兴奋剂控制、管理和质量三方面的内容。

上述法规和文件中明确了各级体育行政部门、反兴奋剂委员会和全国性体育社团在反兴奋剂工作中的具体职责,但与《兴奋剂控制国际标准》的要求"建立一个独立的国家反兴奋剂机构""政府、国家反兴奋剂机构和国家体育组织应明确各自的职权范围""在国家反兴奋剂体系中,立法、执行、处罚三个机构之间应有明晰的定义、区别"仍有明显的差距。2004年8月,第28届奥运会在雅典举行,我国运动员以32枚金牌、名列第二的成绩再次取得了历史性突破,未发生任何兴奋剂问题。2005年10月，第十届全运会共进行兴奋剂检查1710例，查出阳性1例，阳性率几近为零。2006年8月，原国务院总理温家宝代表中国政府签署联合国教科文组织2005年10月通过的《反对在体育运动中使用兴奋剂国际公约》，庄严承诺中国在反兴奋剂方面的责任和义务。

（四）第四阶段（2007年11月至今）

2007年11月，经中央编制委员会办公室批复，国家体育总局反兴奋剂中心（对外名称为"中国反兴奋剂中心"）正式成立。反兴奋剂中心的主要职责包括参与研究制定国家反兴奋剂的发展规划、规则和相关标准；参与制定兴奋剂目录；组织实施兴奋剂检查和检测，对检查结果进行管理；组织实施对兴奋剂违规事件的调查及听证；负责兴奋剂检测实验室的建设和管理；组织开展反兴奋剂的教育、培训、科研、咨询和国际交流等活动；监督各级各类体育组织开展反兴奋剂工作等。反兴奋剂中心编制60人，下设办公室、业务处、宣传教育处、计划管理处、检查处和检测实验室等6个中层机构。

2008年3月，国务院成立了由国家食品药品监督管理局牵头、8个相关部门参加的兴奋剂违法生产经营专项治理工作组，集中办公，开展兴奋剂生产经营专项治理工作。为了加强北京奥运会的食品安全保障，国务院成立了由国务院副秘书长负责，北京奥组委、北京市政府及其他12个部门组成的北京奥运会食品安全工作协调小组，统筹协调北京和其他赛区城市奥运食品的质量安全工作，协调处理奥运食品安全跨境、跨地区的重大事项和重要问题。通过各部门的分兵把守、齐抓共管，兴奋剂非法生产、销售、进出口的情况得到初步遏制，反兴奋剂环境得到极大改善，社会各界反兴奋剂意识普遍增强，综合治理成效显著。2008年8月，第29届奥运会在北京隆重举行，我国运动员以51枚金牌的成绩名列第一，取得了运动成绩和精神文明双丰收。反兴奋剂中心也圆满完成了北京奥组委的兴奋剂检查任务，受到党中央、国务院的表彰。2008年北京奥运会结束以后，多年来由国家体育总局科教司承担的兴奋剂检查结果管理、宣传教育等职能正式移交反兴奋剂中心。

案例分析："瘦肉精"害苦不少体育明星：周密、欧阳鲲鹏皆受害

中国羽毛球名将周蜜、环法自行车赛冠军康塔多、曾经创造世界纪录的美国蛙泳名将哈迪等人，都是瘦肉精的受害者。2008年奥运会前，中国游泳名将欧阳鲲鹏因为药检呈阳性而遭到终身禁赛，而他的教练冯上豹，也被终身取消教练资格。欧阳鲲鹏对此的解释是因为在度假时没有在意饮食，不小心食用的烧烤类食物中含有瘦肉精。

三、体育赛事保险管理

体育保险是指体育保险人收取一定的保险费并且承担相应的体育风险的一种保险制度。健全的体育保险制度，不仅有效地保护了有关体育组织、运动员，以及普通体育健身者的利益，而且极大地促进了体育产业的发展。健全合理的体育保险制度，不仅是运动员、体育工作者、体育健身者、体育团体等进行体育活动的有力保障，而且也是各国体育产业快速发展的重要基石。

（一）体育赛事保险的意义

保险是专门的组织机构依据大数定律要求，通过收取一定风险处理费用，积累风险、建立基金，在风险个体遭受风险损失时予以补偿的一种经济保障机制。广义的体育保险是以经济合同方式建立关系，集合多数体育单位或个人的体育风险，以概率论为依据，合理计算保险金，建立专门的体育保险基金，并对由体育事件中的灾害、事故造成的意外损失，以及人身伤害进行经济补偿的一种经济形式。

体育保险产生与发展的必要性是由它对社会、国家、经济的作用所决定的。①由于体育风险具有高频性、多样性、不易测定性、广域性和复杂性，导致国家用于运动员伤、残等方面的费用巨大，且需要巨额费用的时间变率大，给国家造成巨大负担。体育保险的发展可以分摊损失，转移风险，更好地发挥经济补偿作用，减轻国家负担。②体育运动是一项特殊的活动，运动员的经济来源主要来自他们参加比赛的奖金及补贴，当风险导致运动员伤残，而不能再继续从事自己的职业时，他们便失去了经济来源。虽然国家给予了补偿，但由于种种原因，这些补偿相对还是很少的，难以保障他们以后的生活，势必削弱运动员的积极性，不利于体育事业的长远发展。体育保险可以大大弥补运动员补偿费不足的缺陷，解除他们的后顾之忧，从而使体育事业欣欣向荣。

体育保险的存在与发展是由体育风险的客观存在性及其经济基础所决定的。体育风险的现实存在性是体育保险产生和发展的前提条件，没有体育风险就没有体育保险。随着生产力的发展，商品交换活动的频繁，逐渐形成了交换服务的市场，而后有了货币后备，用来补救风险带来的灾难。货币后备是保险经济机构建立保险基金的一般价值形态。由于人们生活的需要，逐步形成了体育保险，它成了国民经济不可或缺的组成部分。可见，体育保险是商品经济发展的必然产物。

（二）世界各地体育赛事保险的发展状况

1. 欧美国家

美国是世界上保险业最发达的国家之一，各类保险公司已经发展到 5 000 多家。20 世纪 50 年代美国就已经出现了体育保险公司，20 世纪 70 年代以后美国体育保险业进入发展阶段，出现了许多专门的体育保险公司。美国的体育保险已经成为美国保险业的重要经营内容和巨大的保险市场。在市场经济体制下，美国的体育保险主要采用商业保险的运行方式。美国体育商业保险涵盖了竞技体育、群众体育和学校体育等领域，且体育保险内容丰富，有各种不同类型、不同性质的保险公司经营多种体育保险业务。在险种设立方面，既有面向职业体育的运动伤残保险、人身伤害、财产损失责任保险和医疗赔偿保险；也有面向业余体育的巨灾医疗保险、超额医疗保险、普通责任保险、意外伤害保险、集训营保险；还有面向学校体育的大学体育保险、中小学学生意外保险、中小学体育保险、大学橄榄球比赛和中学全明星比赛保险、校级重大医疗保险，以及天气保险、体育指导员和官员保险等。在体育保险机构中，既有营利性保险机构，也有非营利性保险机构；既有专业的体育保险公司，也有兼营的体育保险业务公司；既有商业体育保险，也有社会体育保险。美国的国民有很强的保险意识，几乎所有喜欢体育运动的人都参加了体育保险。

法国政府 1984 年 7 月颁布的《体育活动法》第 37 条和第 38 条，直接与体育保险有关。第 37 条规定"体育运动组织为开展活动签订保险合同，为其所应负责任投保……该等保险合同应承保体育运动组织、活动组织、被建议人和运动员的民事责任……"第 38 条规定："体育活动组织应告知其成员投保人身保险的益处，以便在其受到意外伤害时提供保障……"意大利体育法明确规定："职业俱乐部保险将运动员收入的 4%~5% 作为保险费用。"

德国虽然并不是世界上社会福利和保险制度最完善的国家，但他们在运动保险规则制定方面却是整个欧洲最严谨的。球员们不但在受伤的时候可以领取到保险金，而且在退役之后由于"国家保险"的存在，他们也可以保证衣食无忧。

2. 日本

日本的体育保险在社会保险体系中占的比重大、覆盖范围广，健全的体育社会保险保证了日本各种不同人群、不同职业、不同领域体育活动的开展。日本的《体育安全保险》在其体育社会保险体系中具有代表性。体育安全保险是日本体育安全协会设立的一种专门的体育保险，日本体育安全协会是日本文部科学省从事的，不以营利为目的的公益法人，创建于1970年1月。该保险是日本保险项目最多、保险范围最广的一种体育社会保险，它既适用于群众体育活动又适用于高水平的竞技运动，并且包含突然死亡等险种，对于我国的体育保险有着很现实的借鉴意义。另外，日本的体育保险对象也很广泛，除了面向专业体育运动员及教练员等相关人员的保险外，还有面向大众体育运动的保险，其中涵盖外国留学生的体育保险。日本体育保险业快速发展的主要原因之一，就是将体育保险制度纳入国家的法制建设。涉及体育保险方面的法律主要有《新保险业法》《健康保险法》《国民健康保险法》《老人保健法》《体育振兴法》《日本体育学校健康中心法》等一系列法律法规。不仅保障了体育保险的实施，使体育保险有法可依，而且在体育保险领域中关于保险的各项制度、管理技术、实施对象、运动员参保意识等方面都处于世界领先地位，一度被世界各国所仿效。

3. 澳大利亚

在澳大利亚，据休闲和运动常务委员会的《澳大利亚体育保险概览》介绍，同美国一样，职业运动员享受法定的社会保障。同时，商业性的体育保险还为体育活动参加者提供了广泛的服务。澳大利亚充分认识到风险是体育活动的本质性，因而制定了完备的体育保险安排。有代表性的是新南威尔士州议会于1978年通过的《体育损伤保险法案》，该法案要求为体育活动参与者的损伤和疾病提供保险保障。另外，澳大利亚的个人体育保险计划还为体育组织中所有成员提供责任险。正是由于这些措施的实施，澳大利亚体育保险中的公共责任险的覆盖面达到了百分之百。

（三）我国体育赛事保险存在的问题及策略

1. 问题

①我国是举国体制，基于"举国体制"背景下，我国发展成为体育大国，运动员人数多，但我国运动员投保现状并不乐观。

（2）②从我国体育保险的实际运作情况来看，体育保险的投保对象均为参加奥运项目的国家集训队队员。从参加保险的情况看，普遍存在着保障范围小、保障程度低的问题。

③险种单一，不能满足保险需求。国内专门的体育保险产品非常少，即使有相应险种，也存在费率高、条款缺乏灵活性、不能满足不同体育项目要求等问题。

④缺乏可以沟通体育和保险领域的专业中介服务。在体育保险的经营运作模式里，一个能够提供完善服务的中介机构非常关键，它可以把体育保险需求和保

险公司的承保能力、险种产品联系在一起。

⑤体育保险的配套法制不健全，保险操作不够规范。无论是保险界还是体育界，都还没有明确的、完善的关于体育保险的法律法规，这在客观上限制了体育保险的发展。有关体育保险法规的缺失，使得体育保险的具体事项涉及很多法制的空白区域，必然会导致操作上的不规范。

⑥保险人才缺乏。规模庞大的体育保险需要大量的保险专业人员、服务人员、核实理赔人员和项目管理人员，保险业的人才远远不能满足这些要求。

2. 解决措施

①建立健全的体育保险法律法规。我国应在积极借鉴国外法律法规的基础上，结合国情，建立健全的体育保险法律法规，加强执法监督，避免无序竞争和违规操作。

②大力培育体育运动参与各方的保险意识。提高体育竞赛组织部门的保险意识也是一个不容忽视的课题，如国内首届极限运动会在举办时，就发生过组委会因当地某保险公司没有提供赞助而拒绝其为运动员免费提供人身保险的尴尬场面，这说明需要提高保险意识远不止是我们的运动员。

③保险行业应尽快开发体育保险产品和创新服务。保险业应深入研究体育比赛的运作方式，为运动会和比赛的各个环节设计相关的保险产品，同时，我们应学习、借鉴美、日等国家体育保险的经验，并尝试开发适应我国体育保险需求的保险产品和服务模式。

④加速体育保险中介业的发展。政府和社会的当务之急是尽快加速体育保险中介业的发展，培养体育保险研究和开发的专业人才，建立一支与市场发展相适应的体育经纪人专业队伍。

第三节　课后习题

（1）体育赛事组织与实施的基本内容是什么？
（2）体育赛事筹备阶段的任务是什么？
（3）体育赛事举办阶段的任务是什么？
（4）体育赛事收尾阶段的任务是什么？
（5）体育赛事控制的步骤有哪些？
（6）体育赛事控制的类型有哪些？

（7）什么是体育赛事信息技术化管理？
（8）体育赛事反兴奋剂管理的历程包括哪几个阶段？
（9）体育赛事保险的意义是什么？
（10）如何评价世界各地体育赛事保险的发展状况？
（11）谈谈我国体育赛事保险存在的问题及策略。

第六章　学校体育管理

　　学校体育管理属于教育管理的范畴，是确保学校工作正常进行不可或缺的重要组成部分，尤其是对学校体育工作的顺利开展起到指导性作用。学校体育工作者必须依据国家法律法规、学校的实际现状、师生自身特点等对学校体育工作进行整体的有效统筹管理，从而有计划、有组织、高效率地完成学校体育工作任务。教师和学生是学校体育管理的主要对象。教师和学生在学校进行的体育活动及有关的体育事务是学校体育管理的主要内容。本章主要对学校体育的管理内容和学校体育的管理效果进行阐述。

第一节　学校体育的管理内容

一、学校体育管理的指导思想

（一）学校体育指导思想的意义

　　学校体育指导思想历经国民体育思想、自然体育思想、苏联体育教育思想、体质教育思想等的更迭，在20世纪80年代以后逐渐形成了多元化并存的局面。经过不同时代的沉淀与革新，现阶段学校体育指导思想对推动新时代学校体育发展具有重大意义。

　　学校体育指导思想是学校体育工作者的风向标。学校体育工作者必须树立顺应时代发展要求的、立足于社会和自然背景条件的学校体育指导思想。学校体育指导思想既要符合时代发展的要求，又要符合当下发展的要求，它是学校体育工作者"举好旗、把好关、判好势、画好图、定好标、造好桥、育好人、办好事"的风向标。

　　学校体育指导思想是师生体育利益的"指挥棒"。学校体育工作的核心是使所有的教师和学生享有平等的体育资源。每个人都有权利从事体育活动，从中获得满足自我需求的身心利益。学校体育指导思想必须紧扣师生的切身实际利益，以"一切为了师生的身心发展"为原则，从师生从事体育的真实需求出发，让师生公平享有体育带来的健康与快乐。尤其是在一些体育教育资源不足的学校，学校体育工作者要立足于学校体育指导思想，以"以人为本"为原则，注重师生的主体地位，以最合理的方式和途径，最大限度地发挥人力、物力和财力的作用，对学校现有的体育资源进行优化和整合。例如，对体育课的安排、体育器材的管理、体育场地的布置等方面做进一步优化，确保师生获得有效的体育利益。

学校体育指导思想与学校体育管理制度及其实施效果是相互作用的。学校体育管理制度反映学校体育指导思想的基本要求，具有一定的稳定性、适应性、严肃性和行政性的特点，而学校体育制度实施效果反映学校体育管理制度的时效性，具有真实性、直观性、客观性的特点。如图6-1-1所示，学校体育指导思想、学校体育管理制度与学校体育管理实施效果之间存在相互作用的逻辑关系，即学校体育管理制度依据学校体育指导思想制订，在学校体育实践活动中获得学校体育管理实施效果；学校体育管理实施效果是学校体育指导思想的客观呈现，学校体育工作者根据学校体育管理实施效果对学校体育管理制度进行修正、完善，最终形成确定的学校体育管理制度。例如，学校根据"强化学生课余体育锻炼"的指导思想，初步形成"要求学生课余锻炼1小时"的管理制度，并根据实施效果（如学生实际参与课余体育锻炼的情况等）及时对管理制度进行修改、调整，最终形成完善的"要求学生课余锻炼1小时"的管理制度。学校制订"要求学生课余锻炼1小时"的管理制度，也体现了"强化课余体育锻炼"指导思想的落实。

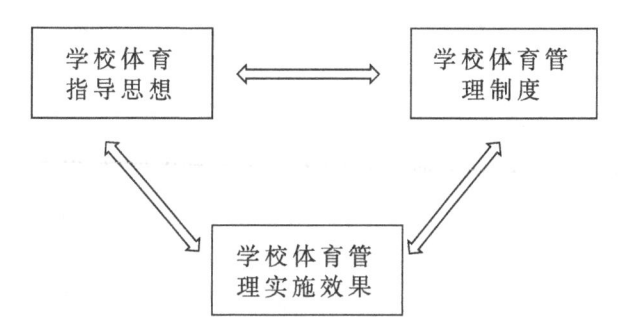

图 6-1-1　学校体育指导思想、学校体育管理制度与学校体育管理实施效果的关系

（二）指导思想的内容

1. 安全第一

安全是一切活动的基础，是一切活动的前提，是不可超越的先决条件。在学

校体育中，安全事故时有发生，虽然不能完全避免，但必须把安全隐患降低到最小。尤其是在小学体育中，由于学生年龄小、安全意识淡薄，安全事故是学校体育管理中加强安全防范的重点对象。学校应该提高安全防范意识，由学校统筹进行校园安全部署，坚持"安全第一，预防为主"的原则，把安全责任落实到每个人，制订校园安全责任制度，采用校规法纪双管齐下的制约，强化校园安全的有效保证。学校体育管理必须把安全放在第一位，才能保障校园体育工作的有序开展。

案例分析：如何安心让孩子"放飞自我"？学校须上好体育安全必修课

2019年6月，教育部等五部门联合印发《关于完善安全事故处理机制维护学校教育教学秩序的意见》，明确学校不得为防止发生安全事故而限制或取消正常的体育活动，同时对健全学校安全事故预防与处置机制等方面提出若干要求。在政府相关部门的推动下，越来越多的学校开始重视建立体育课安全风险防范体系。

上海市从2016年起，创办学校体育运动伤害专项保障基金，破解家长怕受伤、学校怕担责的校园体育难题。如今这一做法正在全国越来越多的地方流行起来。不过，教育专家表示目前全国大部分中小学校仍不同程度地存在体育课专业性不足、规范化不够等问题，可能形成安全隐患。如何科学地上好体育课，让学生放飞运动天性的同时保障他们的安全？北京师范大学教授毛振明建议：中小学校平时要定期对体育场馆器械进行检查、维护、更新，及时排除安全隐患。同时各地要加强对体育教师队伍的培训，提高他们的专业素养。让他们给学生传授更科学的运动技能，制订更合理的训练方法，从而减少不必要的运动损伤。

专家指出，学生和家长不能因为担心安全问题就"风声鹤唳"，而是要积极地提高体育安全意识，学习运动防护知识，在运动中主动保护好自己。"学生上的第一节体育课应该是安全教育，一定要让他们从一开始就树立起安全意识。"

2. 健康第一

树立"健康第一"的指导思想是中华人民共和国成立70多年，特别是改革开放以来学校体育持续发展的首要思想，甚至到现在所有的体育活动都是开门见山地指出"健康第一"思想要求。当然，这是在从增强学生体质的视角与学生体质持续下滑的当下，思考健康第一的学校体育指导思想与学生体质增强之间的关系，是学校体育改革亟须研究的重要课题。在"安全第一，以人为本"的宏观视角下，健康是学生发展的基础，也是学校体育工作管理指导思想的根本。师生的健康是学校体育可持续发展的先决条件。我们应该根据师生的身体与心理发展现状与特点，遵循其身心发展规律，特别是工作生活压力大的老师与青春期的学生，有针对性地开展师生身心健康教育，学校体育管理要把健康作为学校体育开展的核心，合理开展师生课余体育活动与体育课程计划等工作。

3. 寓教于乐

"知之者不如好之者，好之者不如乐之者。"兴趣是从事任何活动的可持续动力，培养师生的体育兴趣是学校体育工作管理的关键。兴趣的培养不仅要注重师生的个人身心发展特点，还要把个人、学校、社会统一结合，展望学校、社会当下的发展趋势，才能有效地把握个人兴趣的正确方向。教师体育工作要注重兴趣的激发，不能单一地把体育强加于生活、工作中，可以把体育融入教师空闲时间里，逐步开展教师体育活动，以"享受体育乐趣"为宗旨，缓解教师的工作压力；学生体育工作要注重课堂体育教学与活动内容的制订，特别是群体育项目教学与活动的组织开展，教学活动内容要突显娱乐性，教学内容、教学方法与手段要多元化、多样化，适当削弱体育的竞技性，不刻意追求学生体育成绩，在体育教学活动中因材施教，力求让每个学生享受到体育带来的乐趣。

4. 体教融合

习近平总书记2020年4月27日下午主持召开中央全面深化改革委员会第十三次会议并发表重要讲话会议指出，深化体教融合促进青少年健康发展，要树立健康第一的教育理念，推动青少年文化学习和体育锻炼协调发展，加强学校体育工作，完善青少年体育赛事体系，帮助学生在体育锻炼中享受乐趣、增强体质、健全人格、锻炼意志，培养德智体美劳全面发展的社会主义建设者和接班人。体教融合是体教融合是以促进青少年健康发展为目标，以体制机制改革为动力，以整合优势资源为手段，使体育与教育两大系统及其子系统中的"体"与"教"融为一体的过程[①]。

5. 终身体育

终身体育不仅是个人健康的需求，也是社会发展的需要，更是学校体育管理不可缺少的重要指导思想。对学生而言，学校体育是终身体育的开始；对教师而言，学校体育是终身体育的推动。它对师生身体健康、学习、工作、生活的长久潜在发展具有深远意义。学校体育的终身体育指导思想重点在于培养学生运动兴趣，还要让学生学会几项运动项目技能，让学生在后续体育锻炼中能更多地选择合适的运动项目，确保高质量、高起点的终身体育培养；在鼓励教师参加课余体育锻炼的同时，培养教师合理体育锻炼的习惯，做到"每天锻炼一小时，健康工作五十年，幸福生活一辈子"。

---

① 周爱光．体教融合背景下我国学校体育改革的思考[J]．体育学刊，2021，28（02）：1-6．

(三)指导思想的贯彻

指导思想如何得到有效的落实,是学校体育管理实践的难点,指导思想必须遵循学校体育发展的社会和自然规律,否则只能"竹篮打水一场空"。它的贯彻必须做到:①依法管理,法律是保障学校体育有序进行的强有力武器,是任何个人和单位不可侵犯的底线。学校体育法律、条例主要包括《学校体育工作条例》《教育法》《学校卫生工作条例》。②制订合理的班规校纪。学校体育的发展应该审视学校定位、班级特点、学生特点,根据学校与师生的社会与自然发展特点制定相适应的体育工作管理条例。③师生共同参与。学校体育管理不只是学校体育管理层的事情,也是全校师生的事情。制订学校体育政策条例应该让每个人都参与。④建立有效的评测体系。通过建立有效的评测体系定期对校内班级的体育文化情况进行评比,考核师生体育锻炼效果,测试师生体育知识掌握情况。⑤建立奖励制度。学校可以建立体育奖励制度,对体育参与度较高的师生进行表彰和物质奖励,从而增加师生参与体育的活跃度。

二、学校体育的课程建设

(一)课程建设的性质

学校体育是学校教育的组成部分。它是根据国家制定的德、智、体、美、劳全面发展的教育方针及社会的需要,依据学生身心发展的特点,以适当的身体练习和卫生保健措施为手段,通过多种组织形式所进行的一种有计划、有组织的教育活动。体育课程具有独特的性质,它区别于其他学科课程的特性,是以身体练习为主要方式,以增强学生身心健康为培养目标,以学生身体素质为主要评测方式的教育课程,它具有基础性、实践性、健身性、选择性、综合性的特点。

1. 基础性

体育课贯穿基础教育、高等教育始终。习近平总书记在全国教育大会上强调,要树立健康第一的教育理念,开齐、开足体育课,帮助学生在体育锻炼中享受乐趣、增强体质、健全人格、锤炼意志。基础性就是在体育课程中反映体育的基础知识与基本技能,这是基于健康中国背景下体育强国建设和美好生活追求基础之上而确定的体育课程性质。

2. 实践性

体育是对人身心发展的双面干预，其实践性就是通过体育课程的学习达到身体运动参与、运动技术动作的学习、适宜身体负荷的刺激、体育行为养成的实践效果。体育课程实践性是达成体育课程目标最直接因素，它强调的是学生身体的运动实践与心理感知参与。

案例分析：厦门大学开设"爬树课"

2012年7月22日，厦门大学通过微博发布了今年下半年新学期将开设"爬树课"的消息。内容为"这门课程将教会你：如何安全地爬上任何树，并在上面自由移动，甚至在树木之间灵活穿梭。"目前，厦门大学体育部已经开始在学校后山寻找合适的场地。据悉，负责该课程的老师正在准备，最快下学期便可开课。一旦开课成功，厦门大学将成为内地第一所开设"爬树课"的大学。

厦门大学开设"爬树课"，不是突发灵感，而是该校校长朱崇实在美国考察时受到的启发。其实多年前，美国康奈尔大学户外体育部就开设了爬树课程，供学生选修。

记者从厦门大学体育教学部林建华教授处得知，厦门大学拟开设此门课程是希望借鉴美国大学开设"爬树课"的经验，教会学生一些特殊的技能。"美国部分大学早已开设了这门课程。校长从国外考察回校后，觉得美国大学开设的'爬树课'很有意思，也希望我们体育部能开设这门课供学生选修。"林建华教授介绍道。由于国内尚未开设类似课程的高校，从选址到课程设计都得靠他们自行摸索。厦门大学还表示，"爬树课"并不是要学生赤手空拳去练习爬树，而是会适当借助一些器材以保障学生安全。爬树的形式可能有点类似于攀岩运动。

3. 健身性

体育与其他课程的根本区别在于体育课程的本质是以身体为核心。通过锻炼身体、改善身体、发展身体、管理身体，达到身体形态匀称美观，促进身体新陈代谢与生长发育，以及提高抗疲劳与免疫功能的效果。

4. 选择性

课程的选择性是源于学校体育课的学时、学分、资源、教师等因素，要根据学校的实际情况确立以学生发展为中心，以兴趣为导向，促进学生的运动体验，使学生能够在运动中体验到快乐与成功，这都取决于体育课程内容的选择；体育课程的选择是为了更好地适应学生的发展与需求，更有利于学生的运动参与和体验。

5. 综合性

围绕体育素养的培养，要突出体现课程的综合性特征，体育课程是对身体、心理与精神多维度的影响，体育课程要突出体育品德与运动能力的培养，把体育课程放在健康人、引领人和培养人的高度上，体现出学校阳光体育的特色，体现出体育课程帮助学生在体育锻炼中享受乐趣、增强体质、健全人格、锤炼意志的综合性特点。

（二）课程建设的理念

理念是具有符合规律、经过长期检验、达成共识和共同遵守的想法，它可以激发动力、决定方向、指导行动、生成智慧，体育课程的理念对体育课程性质的实践和体育课程目标的达成具有重要的意义。体育课程建设的基本理念体现在以学生为中心、注重培养目标、内容的持续改进三个方面，体现培养人、健康人、引领人的性质特征。

1. 以学生为中心

强调遵循学生成长成才规律，以学生为中心配置教学资源、组织课程、实施教学。以"一切为了学生的身心发展"为原则，以立德树人、健康第一、培养兴趣为导向，全面发展学生各项综合素质。尤其是在身心发展的敏感期和关键期，体育课必须根据学生该时期的身心特点，在体育过程中磨炼学生品性，健全学生人格，塑造学生体态，促进学生良好的生长发育，以提高学生体质健康水平。

2. 注重培养目标

强调以学生的学习效果为导向，对照不同阶段学生核心能力素质要求，评价学生人才培养质量，体育课程建设要体现出多样化、多彩化、多元化要求，在开足、开齐体育课的基础上，上出满足每名学生需求的高品质体育课。培养目标既要统筹全体，又要因材施教，注重差异，根据学生的共性与个性制订合理的培养内容与方法，达到理想的培养目标。

3. 内容的持续改进

强调对学生与教学进行全方位、全过程评价，并将评价结果应用于教学改进，推动学生人才培养质量的持续提升。以"终身体育"为终极培养目标，培养学生体育特长，根据学校教师特点、学生能力现状、学校软硬件条件对体育课程内容进行不断的持续改进，达到贴合学生发展的真实需求目的。

(三）课程建设的背景与发展趋势

1. 课程建设的背景

中华文明有五千多年的历史，每个朝代都有着丰富多样的教育形式，学校体育的雏形自古代就逐渐形成了，但是在当时没有"课程"一说，因为在中国古代教育活动中几乎没有独立形态的学校体育课程，所以不能以现代体育课程建设的要求作为衡量历史课程建设的标准。但是我们可以把那些与当代学校体育形态相似、功能相近的、有组织、有计划、有目的的身体活动看作当时的体育课程。由于不同阶段的历史特点的差异，体育课程建设也是具有历史阶段性特点的。西周时期有六艺（礼、乐、射、御、书、数）教育，它是古代培养"士"的教育内容，其中乐、射、御就是体育课程内容，当时的体育课程建设具有浓厚的军事色彩。近代学校体育课程起步于1904年的《奏定学堂章程》，当时的体操科是学堂正式的体育教育课程。1923年颁布了《新学制课程标准纲要》，体操科正式更名为体育课，标志着学校体育课程建设的正式开始。1940年教育部公布各级学校体育实施方案，推动了学校体育课程建设进一步发展。1949年以来，在当时百废待兴的历史背景下，体育课程建设处于初创阶段。1952年教育部设立了体育处，并于1956年制定了《体育教学大纲》，自此体育课程建设走向系统化。1979年改革的发展到1987年确定了教学任务，学校体育课程建设再次走上正轨。新时代学校体育课程改革不断发展，在"四位一体"全方位育人理念的引领下，发挥体育育人的基础性作用。教会、勤练、常赛是新时代学校体育教学的关键内容。这对体育教师和场地建设提出了更高的要求。

2. 课程建设的发展趋势

随着我国整体经济的发展和社会生活水平的不断提高，以及教育者认知水平的不断提升，我国体育课程建设不断趋于科学化。首先，未来体育课程的发展趋势要特别注重青少年健康成长的独特价值。幼儿体育和青少年体育是终身体育的起点，应该根据其身体特点进行科学合理的管理，以求打造更高的体育起点。其次，全面提高学生体育素养是未来体育课程建设的亮点，体育课程不只是强身健体，还要注重学生人格魅力、个性及道德品质的培养。最后，智能信息技术（穿戴设备、大数据等）在体育课程建设中可以起到科学、直观化的作用，能在体育教学中更好地服务师生，这将是未来体育课程建设不可或缺的一部分。

(四)课程建设的内容

1. 培养目标

培养目标是指依据国家的教育目的和各级各类学校的性质、任务提出的具体培养要求,是培养各层次人才的宏观导向。只有明确了教育目的,各级各类学校才能制订出符合要求的培养目标,而培养目标又是教育目的的具体化。教育目的是针对所有受教育者提出的,而培养目标是针对特定的教育对象而提出的,各级各类学校的教育对象有各自不同的特点,因此制订培养目标需要考虑各自学校学生的特点。通过体育与健康课程的学习,学生将:①增强体能,掌握和应用基本的体育与健康知识和运动技能;②培养运动的兴趣和爱好,形成坚持锻炼的习惯;③具有良好的心理品质,表现出人际交往的能力与合作精神;④提高对个人健康和群体健康的责任感,形成健康的生活方式;⑤发扬体育精神,形成积极进取、乐观开朗的生活态度[1]。培养出对社会有用的身心健康的人才,培养出社会需求的体育专业人才。

2. 培养计划

培养计划是指在基于培养目标的要求下预制订的培养步骤、方案、方法、手段。体育课程计划用来解决在各个层次、阶段体育教学中如何达到培养目标。不同层次的培养计划应该根据国家对各个阶段学生的基本要求,结合学校的定位,以及学校服务社会培养人才需求而制订的具体预估步骤。

3. 教学内容

教学内容是指根据学生的培养大纲及社会对人才的需求特别制定的适合各个阶段学生学习的知识与技能。义务教育阶段的体育教学内容应该选自国家要求的体育教材。教学内容需要让学生学会体育的常规知识,掌握基本技能,培养热爱体育的情趣,养成体育锻炼的习惯。而高校的体育教学内容要注重发展学生的个人爱好与实践能力,按照每个学生体育需要选取不同项目的教学内容,教学内容需要与时俱进,满足当下社会对复合型人才的需求。

4. 教学方法

教学方法是指教师教授知识、技术、技能等教学内容的具体方法。体育课的教学方法主要包括讲解示范、完整教学、分解教学、游戏与比赛等。教学方法不是统一固定的,而是根据教学内容、教学内容的重点与难点、学生情况,以及教师教学特点而定。教师抓住教学内容的重点并选用合理的教法,可以达到事半功

---

[1] 中华人民共和国教育部. 义务教育体育与健康课程标准[M]. 北京:北京师范大学出版社,2011.

倍的教学效果。与此同时，教学方法的选择要注重学生共性与个性特点，做到因材施教，尽量确保每一位学生学习受益。

5. 教学效果评价

教学效果评价是指学生掌握好教学大纲要求的知识、技术、技能后，进行相应的测试，根据测试结果按照评定要求进行客观的评价（主要是评分评级等）。体育课程教学效果的评价方法主要是学生身体素质达标测试、专业技术评定、专业技能考核等。学生身体素质评定考核的是学生的基础体能（力量、速度、耐力、柔韧性、灵敏性等）的综合情况，是体育教学效果评价的主要内容。专业技术与专业技能考核是学生对体育项目技术的掌握与应用情况的评定，体育教师要根据项目技术的要求进行客观评价。

（五）体育课程建设的改革

1. 义务教育阶段体育课程建设的改革

义务教育阶段是青少年未来发展的起点。自1949年至今，我国义务教育阶段经历了多次的改革。改革的目的是为了应对激烈的国际竞争，立足于国民素质的全面提高，为了提升综合国力做出的重大战略决策。自国家提出"发展体育运动，增强人民体质"的要求以来，学生体育课程得到了一定的重视。由于当时国家人才的匮乏，全国教育的重点还是以文化课为主。在体育资源有限的年代，体育课的教学内容很单一，主要以发展学生身体素质为主。随着教育理念的转变，国家开始注重学生"德智体美劳"五育的全面发展。体育课的地位也随之提高，学校体育课程建设推进了"以体养德，以体睿智，以体健美，以体促劳"的改革。学校体育课程的建设一定要规避应试理念，除了教会学生掌握相应的体育技能外，还要求培养学生的人格道德，这也成了现代体育课程改革的一大方向。

2. 专业教育阶段体育课程建设的改革

中华人民共和国成立之初，由于国家整体实力落后，我国体育工作的重点主要是放在培养竞技体育人才上。20世纪90年代，国家开始关注国民健康，并推出《全民健身纲要》。专业教育开始慢慢由单一竞技体育人才的培养变成竞技体育、学校体育与大众体育（社会体育）三者共同发展的局面。体育课程的改革也朝着大众体育、全民健身的方向倾斜。21世纪后，随着社会群体整体素质的提高，国家与人民不仅追求体育带来的身心健康，还开始了塑造个人体育精神，再加上信息化科技的发展普及与体育资源环境不断的优化，社会对体育人才的需求呈现出多样化的需求。尤其是一些新兴项目（越野跑、马术、跳伞等）的发展对学校专业体育人才培养指明了方向。

三、体育师资队伍的管理

学校体育师资队伍建设水平不仅关系到教师个人的发展，也关系到学校的发展。早期，由于体育课程未受到足够的重视，体育师资队伍建设与管理相对滞后。体育教师的专业水平和综合素质较低，无法满足学生的学习需求，在一定程度上阻碍了学生的成长和发展。随着教学体制的不断改革，人们对体育的关注程度逐渐提高，认识到加强体育师资队伍管理与建设的重要性，学校需要加快师资建设与管理的步伐和力度，提高体育教师的专业水平和教育素质。

（一）专业水平和教育素养

1. 专业水平

体育教师专业水平是指教师自身具备完成教授相关体育项目的技术实践能力，与深度解释体育相关知识的理论能力。第一，体育教师的专业水平决定教师教授体育课质量的好坏，对学生能否正确完成体育技术动作起决定性作用，影响学生后续体育学习，甚至生活工作的潜在发展。第二，运动项目技术的实践能力是反映体育教师是否合格的最直观表现，体育课最常用的教法就是技术动作的教学示范，作为一名体育教师肯定要具备正确标准的运动技术示范能力，只有示范得当，学生才能够在心理上信服教师，学生才能够做到正确的模仿练习与学习。第三，具备解释相关体育知识的理论水平反映的是体育教师对体育认知程度的深浅，对体育认识的深度决定体育教师体育教学方法的合理性，尤其是对运动技术规律的掌握，是体育教师教学创新必不可少的能力。室外身体活动是体育课区别于其他课程的最大特点，体育教师队伍建设的管理首先应该抓住体育课程特点，以提升体育教师专业水平为突破口，以提升体育教师专业理论认知水平为长远计划，制订体育教师专业水平提升计划。

2. 教育素养

2014年9月1日，习近平总书记到北京师范大学视察时谈到"好老师"的四个标准，即要有理想信念、要有道德情操、要有扎实的学识、要有仁爱之心，习近平总书记的要求是对教师教育素养的最好诠释。教育素养是教育工作者适应时代发展，在教育工作中解决复杂问题和适应不可预测情境的关键能力和必备品格，教育素养、人文素养和科学素养等是教师必备的素养。

体育教师的教育素养是将透过身体进行教学上升为透过身体进行教育的教育

意识，是将体育学科的核心素养转化为学生发展核心素养的教育价值观，是将体育融入教育，做到以人为本、以体育人，是将运动科学与教育艺术相结合的教育能力。

体育教学只是一种知识和技能的传承，是一种文化的传承。而教育则是内发的，是把内在的心理倾向、价值倾向引向善良的、完善的、社会化的过程，是一种精神、道德和品格的影响。凝练体育学科的核心素养（运动能力、健康行为、体育品德），帮助学生形成必备的品格和关键能力，即学生发展核心素养（社会参与、自主发展、文化修养）是体育课程的首要任务。体育教师在新时代要有信念、有担当、有能力去完成这一任务，努力在体育教学中彰显教育魅力，让体育学科的核心素养转化为学生发展核心素养。

（二）体育师资现状与存在问题

1. 体育教师教学设计定位不准确

"情意"目标应该和"知识与技能"目标、"过程与方法"目标一起作为实现教学价值的统一整体，它既不是贴在目标里装门面的标签，也不是游离于教学之外的"说教"。部分体育教师在设计体育教学的内容时忽略了学生身心发展规律，不重视学生的年龄特征，拔苗助长。不能依据身体动作形成规律，做到科学、合理，教学方法单一，不能因材施教。

2. 体育教师未能起到体育教育的主导作用

有的体育教师教育意识不强，没有凸显体育教学的教育价值，组织教学缺乏力度，教学方法不够灵活，课堂调控能力不强，教学诊断、反馈不及时，对于学生良好的表现未及时表扬和推广，对于学生吃力的情况未及时点拨和帮助，分层指导的针对性不强。课外体育活动管理不均，出现了有的教师对学生管控太严，学生缺少活力；而有的教师对学生管控太松，导致少数人运动，多数人不动的结果。

（三）体育师资建设的内容与方法

1. 体育师资建设的内容

（1）师德师风

俗话说"什么样的老师教出什么样的学生"，这里不仅指教师传授给学生的知识多少，还有教师的道德品行对学生做人的影响。师德师风建设是现阶段体育师资队伍建设的第一要务，教书育人首先要求教师自身必须要有崇高的道德素养，如此才能正确把控教育的方向。败坏的师德师风不仅会影响学生的品行，还会损害学生的身心健康。因此，教师想要把正能量带给学生，培养对社会有用的品学兼优的人才，必须从自身师德师风的提升做起。

（2）教学技能

教学技能是指教师教学所具备的制订、实施教学的综合素质能力，主要包括教学计划的制订、教学大纲教案的撰写、教学语言表达能力、教学示范能力、课堂组织能力、教学方法的掌握等。教学技能是多个素质的综合，是体育师资队伍建设中的重点。

（3）实践能力

实践能力是教师对专业知识的实际运用能力，体育教师除了体育课教学实践外，还包括课外体育活动的组织，体育竞赛的策划，运动训练队的训练管理，场地器材的管理与维护等。实践能力是教师理论知识的客观表达，必须通过亲自操作实施后，通过积累一定的经验，不断地发现问题错误，才能真正地达到教师理论结合实践的效果。因此体育师资队伍实践能力的建设需要通过教师的实操训练得以实现。

2.体育师资队伍建设的具体方法

（1）师德师风建设

定期邀请师资培训中心的专家或基层优秀教师开展以塑造优良"师德师风"为主题的讲座，言传"立高尚师德"，身教"树健全人格"；创建线上师德师风学习平台（App），根据学习情况进行积分排名，以掌上文字、图片、视频等现代化学习方式进行师德师风培养。定期开展促进师德师风建设的演讲比赛，以分享形式潜移默化地塑造教师的优良的品德，以比赛促进教师对"立德树人"的深层次认识。

（2）教学技能培养

定期开展体育教师教学基本功大赛和专项技能比赛。通过比赛促进教师基本技能的提升，强化体育教师教学技能，优化专业运动技能。创建课外师范教学技能提高学习班，邀请优质的专业人士对体育教师进行有针对性的辅导，为体育教学技能相对薄弱的教师提供查缺补漏的机会。

（3）实践能力发展建设

成立体育教学与技能训练实训室，打造技能训练指导团。通过不同团队的具体组织、示范与督查，逐渐形成专业技能训练体系，推动体育教师的广泛参与。注重教育实践环节的有机衔接，学校构建"见习、实习、研习一体化"的实践教学体系。通过教育教学实践训练，引导新进体育教师体验教师职业角色。搭建篮球、足球、田径、武术等多个社团活动平台，推动体育教师实践能力发展。

四、体育场地设施的管理

（一）体育场地设施概述

1. 体育场地设施的发展

学校体育场地设施是指师生参与体育活动的运动场地、器材、设备及相关附属用品等。学校体育的场地设施管理是历来学校体育管理工作的重点，国民经济建设初期（20世纪五六十年代），由于国家经济的薄弱，学校体育场地设施极其匮乏简陋，学校中的体育场地以渣土为主，体育器材也是单一老式的，尤其是数量根本不能满足师生体育锻炼的需求，严重影响了师生参与体育活动的体验感。改革开放后（20世纪70至90年代），随着国家经济的复苏，学校体育场地设施的数量与质量出现了大幅度的提升。运动场地多以草地、砖地、水泥地取代了渣土地。体育器材材质有所提升，如篮球由单层球皮变成了双层，材质由橡胶变成了牛皮等。21世纪以后，随着制作工艺与信息技术的发展，学校体育场地设施又实现了质的飞跃，学校塑胶运动场地大面积的铺设，新兴材质的体育器材广泛使用，高科技运动设备的推广与应用，确保了师生参与体育活动的安全性与舒适性。

2. 体育场地设施的类型

体育场地设施的类型随划分依据的不同而异。按照体育运动项目划分，可分为大小球类场地设施、田径场地设施、水中运动类场地设施、操舞类场地设施。按照场地设施的规格划分，可以分为大体育场地（馆）器材，常见的大场地（馆）有田径场、足球场、体操馆、滑冰场等，大器材有足球门、篮球架、乒乓球台、跳高海绵垫等；中体育场地（馆）器材，常见的有篮球场、排球场、羽毛球场、单双杠、跨栏架等；小体育场地（馆）器材，常见的有篮球、足球、排球等。按照场地设备同时的使用人数划分，可分为集体（10人以上）使用场地设施，如田径场、足球场、游泳池等，多人（2人以上，10人以下）使用场地设施，如篮球、乒乓球、羽毛球，单人使用场地器材，如跳绳、铅球、单杠等。

3. 体育场地设施管理的意义

体育场地设施的有效管理对学校体育工作顺利开展具有重要意义，主要体现在：第一，能够物尽其用，发挥体育场地设施功能。体育场地设施管理可以提升师生体育锻炼的效果。体育器材的设计与锻炼者的需求挂钩，针对性的设计可以使师生在体育锻炼中事半功倍。但是师生是否能够正确使用场地设施需要管理者进行管理提示，如设置标签、图示等对如何使用器材进行描述，可以帮助师生正确合理地使用器材，发挥体育器材的真正价值。第二，增加师生参与体育锻炼的兴趣，提高体育教学效率。师生体育锻炼体验度和有无特定场地、专业器材直接相关。合理利用体育场地器材可以丰富教学内容，激发学生对体育课的热爱，提升体育课的教学质量。第三，能够确保师生参与体育锻炼的安全。体育场地器材的有效管理能够确保体育场地器材的损坏得到及时的维修与保护，大大增加场地设施的使用寿命，增加场地器材的安全性。

（二）体育场地设施管理内容

1. 体育场地设施的设计与施工

体育场地设施的设计管理是指在有限的校园环境下，合理制订体育场地的分布，使场地器材能够既美观又实用地进行合理布局。体育场地设施的施工管理是主要是在体育场馆的建设中根据相关要求对施工单位进行监督管理，力求确保场地场馆的标准化与规范化。例如，监督管理田径场划线标准、球场的长与宽、场地材质与厚度等。管理体育场地设施的设计与施工人员必须具备体育相关项目场地的专业理论知识。例如，田径场地长投区与短投区的划定，足球场与田径场的标准制订等。管理人员还需要了解场地设施的材质是否能够达到国家要求标准，特定情况还应该会使用专业仪器进行场地设施的检验校对。

2. 体育场地设施的使用

体育场地设施的使用管理是指管理者对场地设施的环境卫生、使用方法、使用情况、安全风险评估等进行实时的监督管理。场地设施的环境卫生是构建校园生态文明的要素之一，管理者要安排人员按照校园卫生条例进行定时定期的打扫清理，对使用者不文明行为要及时制止。管理者对场地设施的使用要做到正确的提示与监督，使用者如果不能正确使用场地设施，必须及时制止、纠正。对场地设施的使用情况要做到实时掌控，对于需要资金维护的场地设施，管理者可以按照相关要求对使用者进行合理收费。管理者对场地设施的对外开放要严格按照要求管理。对开放期的适用人群严格把控，并且定期对场地设施进行检修，对于存在安全隐患的场地器材要进行警示提示。

3. 体育场地设施的维护

体育场地设施的维护管理是指定期对体育场地设施器材的质量进行检查、检测，对破损的场地设施器材及时地上报，并进行相应的修补、维修与更换。体育场地设施器材的维护是确保安全锻炼的前提。管理者必须做到认真负责，对场地器材进行全方位的检查。尤其是对具有较高风险的器材更应该格外注意，如单双杠的杠体承载能力是否下降等。管理者还要对维修后的场地器材进行跟踪观察，避免二次损坏，对于无法进行维修的场地器材进行更换。另外，管理者还要对场地器材的外表及周围环境进行维护，如安排人员为跑道线褪色的田径场进行补线、为湿度过高的室内球场进行除湿等。

（三）体育场地设施管理方法

1. 依法依规管理

依法依规对学校体育场地设施进行管理是最直接、有效的方法。法律是红线，任何人不得触碰。无论是管理场地设施的建造还是维护，都必须做到有法可依、违法必究。学校体育场地设施的管理可以参照的常见法律法规有《公共安全法》《公共文化体育设施条例》《城市公共体育运动设施用地定额指标暂行规定》，以及各地方和学校制订的《体育场地设施建设和管理规定》。体育场地设施管理既要基于国家的法律进行有效统一管理，又要根据地方和学校的特点，依据相关规定进行区别管理。例如，中小学校园的管理相对封闭，而高校校园管理相对开放。因此，必须要制订适合本校校园管理的规章制度才能达到依法按规管理的目的。

2. 师生共同管理

学校体育场地设施是校园文化环境的重要组成部分，是每个师生学习生活的环境。打造舒适、安全、美好的校园环境是每名师生应尽的义务。学校体育场地设施的管理需要全校师生的共同参与。学校管理层应该做到统筹部署和安排，把校园体育场地设施的卫生、使用、维护等管理工作划分到每个年级，每个年级根据班级情况再把管理任务分到每个班，每个班的教师再指导并派遣学生组成督导小组协助学校体育场地设施的监管。对于力所能及的场地设施问题，学生应该自己进行处理，例如保持场地卫生、制止不文明行为等。而对于超出自身能力的问题，应该及时上报，寻求专业人员帮助完成。如此，既对学校体育场地设施进行了有效管理，又锻炼了学生的实践能力与责任心。

3. 信息技术管理

学校体育场地设施管理不仅要采用传统的管理模式，还要借助现代科技手段进行监控管理。随着移动 5G 信息技术的不断成熟，计算机智能化在一些领域应用越来越广泛。例如，在场地周围安装摄像头与语音设备，一旦识别违规或危险行为，立即进行语音警告，避免安全事故的发生。在场地设施管理上采用现代化的信息技术，是未来校园管理的发展趋势，学校管理人员需要放眼于未来，提前做好管理人员相关技术能力的培养，为未来校园体育场地设施信息化管理管理奠定基础。

五、体育经费的管理

（一）体育经费管理的任务

体育经费是学校体育管理的重点。管理层要加强体育经费的核算，厉行节约，讲求经济效率，积极组织体育科技服务创收，增加收入。学校应该加强体育设施的维修和保养，以便延长使用年限，提高使用效率。学校应该建立体育设施器材的管理和使用责任制。加强对体育使用经费和体育创收经费的监督，认真贯彻执行党和国家的有关方针、政策、制度。

（二）体育经费管理的方法

1. 加强对体育经费的计划和控制使用

学校需要正确地制订体育经费使用计划，并保证计划指标的实现。还需要加强体育经费使用的控制，包括对体育经费计划的审查，做到前馈控制；体育经费使用过程中要对资金的投入额度进行控制，做到事中控制；最后要对已使用的体育经费进行审查，对人员未按照计划执行经费开支的要予以问责与追款，做好反馈控制。

2. 加强对体育经费使用的检查和分析

对体育经费支出的检查，主要检查经费使用的合法性、合理性和效益性。特别对于经常支出的项目，如体育器材的购置，各种补助费报表，以及外出参观、学习、会议的报账，要坚持财务检查，严肃财务纪律。对体育经费使用的分析是指对经费状况和已使用的体育经费所取得的成果进行分析。通过对体育经费的计划、执行情况进行全面分析，提出意见，以便后续开展改进工作，提高对体育经费使用的管理水平。

3. 建立制约制度，加强对人财物的管理

（1）程序制约

用制度的形式明确体育器材和设备的采购、制单、验收、结款等一系列具体步骤的处理流程。程序制约是通过会计凭证规定的处理程序和合理的传递路线，一方面，把各种票据整个记录系统连续起来，使其能够完整及时准确地反映体育经费的活动情况，另一方面把各职能部门串联在一起形成了一个有机的整体。

（2）责任制约

责任制约是通过财会部门的账证记录反映各职能机构或各有关人员，在经济活动中应承担的责任，它是制约制度的核心问题。责任制约的基础是钱物分管、岗位分工明确。体育经费的各项支出记录都要由经办人及审核批准人的签署。建立责任制约制度有利于财会监督，能避免贪污、浪费、公私不分等弊端的发生。

此外，在建立健全制约制度的同时，还要注意加强教职工的思想教育，增强法制意识，提高教职工执行制度的自觉性，结合奖惩办法来推动这一制度的实施，不断地总结经验教训，使得各项制度不断完善。

第二节　学校体育管理效果的评估

一、学校体育管理评估的原则

（一）局部与整体评估的统一性

学校体育管理的整体效果是与局部管理效果相互影响、促进、统一的，即局部建设影响整体构建。因此，学校体育管理评估必须把握好每一部分局部的评估，以及管理工作的整体评估。学校体育管理的整体评估是对整个学校体育工作状况进行检查评估。学校体育管理的局部评估是指对实现学校体育目标的各种途径（组织形式）和各种影响因素分别进行检查评估，主要包括学校体育教学评估、教师工作及素质评估、体育科研评估、学生体质评估等。

（二）宏观、中观与微观评估的整体性

学校体育评估工作在整体评估的基础上要以宏观视野进行全局工作管理评估，局部管理工作评估要注意工作细节的评价，做到微观与中观工作内容管理评估的有效整合。学校体育管理的宏观评估是指是以管理的全领域、宏观决策为对象的管理评估。学校体育管理的中观评估是指以班级为对象，对班级内部体育工作各方面进行评估，如对班级体育教学情况、班级课外体育锻炼情况等进行评估。学校体育管理的微观评估是指对班级内师生个人管理情况的评估，如对师生体质情况、参与锻炼的时间等进行评估。

二、学校体育管理评估的意义

学校体育管理评估是对实现学校体育工作目标的过程和效果进行质量检查、评定和评估。它是学校体育管理的重要手段，也是学校教育评价的重要内容。学校体育管理评估的主要意义在于以下几个方面。

①有利于加强学校体育工作的宏观管理与调控，督促学校全面贯彻党的教育方针。培养德智体美劳全面发展的社会主义现代化建设者，是我国社会主义现代化建设的客观需求。

②有利于学校之间、区域之间的相互学习、交流与竞争。学校体育管理评估的结果能够突破局限，促使各学校间进行交流、学习甚至是竞争。为学校体育事业的发展起到推动作用。

③有利于发挥整个学校体育工作有关部门、有关人员的优势，以尽可能小的投入、较高的效率实现学校体育管理工作的预期目标。同时也有利于建设具有中国特色的学校体育工作评估体系。

三、学校体育管理评估的内容与措施

（一）学校体育管理评估的内容

1. 组织管理工作评估

组织管理工作评估内容包括学校领导对体育工作的重视程度，学校体育发展规划和阶段目标的制订，学校体育各有关部门和人员的组织配备，学校定期研讨和解决学校体育工作的问题，学校体育场地、器材设施、经费等改善情况等。

2. 体育师资队伍管理评估

体育师资队伍管理评估内容包括体育教师的编制与配置，教师队伍的年龄、学历、职称，教师的教学、训练、科研、竞赛组织管理能力以及教师的晋升、进修计划等。

3. 体育教学管理评估

体育教学管理评估内容包括体育课的开设情况、教学内容与大纲要求、教学文件齐全程度、教学方法及效果，以及体育教学中德育的开展情况等。

4. 课外体育活动管理评估

课外体育活动管理评估内容包括"两操一活动"的开展情况，学生体育课达标情况，学生体质测试的合格率情况等。

5. 课外运动训练管理评估

课外运动训练管理评估内容包括代表队的组织、训练及成绩，体育后备人才输送情况，校运会、校内小型竞赛、校际竞赛的开展情况等。

6. 学校体育科研管理评估

学校体育科研管理评估内容包括体育教学科研成果、学生体质健康研究成果、训练及竞赛组织管理研究成果等。

7. 学生体质健康管理评估

学生体质健康管理评估内容包括学生的身体形态、发育水平和生理功能，学生身体素质与运动能力情况的综合评价。

案例分析：上海基础教育阶段学校坚持"三课两操两活动"

记者2012年5月21日随国家督导团到上海市进才实验小学督导时看到：下午放学了，还有不少学生正在参加俱乐部的活动，既有打篮球的，又有踢足球、打乒乓球的，大家玩得不亦乐乎。

该校校长赵国弟介绍，学校每周都开设3节体育课，两节广播操、自编课间操约10分钟，还有两节排入课表的体育活动课，使每周的体育课与体育活动课达到了5节。同时，学校每周一至周四上午8点15分到8点50分，安排了35分钟的体育活动时间，并在上下午安排了5分钟的室内操时间，使学生每天体育锻炼时间达到了一小时以上。除此之外，愿意发展特长的学生则可以在放学后参加各种课外文体活动。

上海市教委副主任李瑞阳说，上海市在2003年启动二期课改后，就按照"三课两操两活动"要求全市基础教育阶段的学校开展阳光体育运动。记者发现，虽然这一要求与国家规定的小学一二年级每周4节体育课，小学三年级至九年级每周3节体育课，高中每周两节体育课不尽相同，但目前采取的"三课两操两活动"做法，保证了每天一小时体育活动时间在全市中小学校基本得到落实。

国家督学、本次教育部督导团上海督导组组长王占铭认为，上海市通过加大投入、加强保障，全力保证校园每天一小时体育活动的落实，措施有力，成效显著。"通过听取汇报，查看方案，并实地考察了近10所学校，我们感到，上海市的中小学校基本达到了中央7号文件要求的中小学生每天锻炼一小时的目标。"王占铭说。

（二）学校体育管理评估的方法

1. 效果评估

效果评估是指根据公认的指标或成绩的优劣对学校体育工作进行评估的方法。这是一种最原始、最直接的评估方法。效果评估法主要注重结果，而这些结果基本是社会所公认的，能够代表学校体育工作某方面水平的客观指标。

2. 效能评估

效能评估是指对学校体育工作的职能或工作过程全面检查评价的一种评估方法，也称职能评估或工作过程评估。效能评估一般分为两类：一类是主观评价或经验评价，另一类是客观（相对）评价或量化评价。整个评估过程一般分为两个阶段，第一阶段为准备阶段，包括建立领导评估机制、成立检查小组、确定评估对象等。第二阶段是实施阶段，一般可采取看（相关人员根据要求看体育课的教学，看课外运动训练的实施，看课外体育锻炼等情况）、查（查相关人员阅学校体育工作计划、总结、规章制度及实施记录，实地考察学校场地、器材及设施）、访（相关人员访问有关体育教师、学生代表等，了解不同角色对学校体育的建议）、算（相关人员按照听、看、查、访的结果把自己的意见填写在评估表上，计算该校所得分数）、评（相关人员根据各评估人员所评分数综合成评估结果）、估（相关人员根据评估组专家意见及各方面情况，对学校体育工作进行评估，指出较好的方面和存在的问题等）。

3. 效益评估

效益评估是指按学校体育工作的投入与效果比来进行评估的一种方法。效益评估指标的科学性和客观性较好，评估误差小，经济效益好。

第三节　课后习题

（1）学校体育管理指导思想的意义是什么？
（2）学校体育管理指导思想的内容是什么？
（3）学校体育管理指导思想如何贯彻？
（4）学校体育课程建设的性质有哪些？
（5）学校体育课程建设的理念是什么？
（6）学校体育课程建设的背景是什么？
（7）学校体育课程建设的内容是什么？
（8）体育师资队伍建设的内容是什么？
（9）学校体育场地设施管理应注意什么？
（10）学校体育管理评估的具体方法是什么？

第七章 群众体育管理

"全民健身"是改革开放以来中国体育的标志,是振兴中华民族体质和促进健康的一项伟大工程。20世纪90年代中期,伴随着《全民健身计划纲要》的颁布和实施,吹响了全民健身的冲锋号角。近十几年来,全民健身这个词上至中央政府的大政方针,下至平民百姓的言谈话语,可以说响遍了祖国的城市乡村、大江南北;全民健身活动蔚然成风,成为一种新的文化现象和社会时尚。我国全民健身事业经过十几年的社会实践,已经积累了大量的宝贵经验,取得了许多凸显中国特色的大众健身科学研究和理论探讨的丰硕成果。本章主要对全民健身计划的概念、全民健身实施的目的与意义,全民健身的内容等重点问题进行详细的阐述。

第一节 "全民健身计划"纲要

一、全民健身计划概念

(一)全民健身概念的提出

我国对全民健身的提出是比较早的,在1995年通过了《中华人民共和国体育法》,同年国务院颁布《全民健身纲要》。随之而来的是在全国各地根据社会的需求出现了一系列的体育法规和规章细节,促进了体育在社会中的发展。根据调查统计显示,我国有33.9%的7~70岁的体育人口,在城市全民健身中,有60.7%的居民参加了俱乐部健身。《全民健身纲要》提出的目的是提高国民体质和健康水平,尤其是改善青少年的体质健康现状,健全青少年的健康人格。全民健身是面向社会中的所有人,包括不同年龄阶段、性别、职业的所有人,让所有人体会到体育锻炼带来的真实利益,例如,增强人们的心肺功能,强化锻炼者的肌肉力量,提高协调能力,提升日常生活质量和工作效率,提高全民体质和健康水平是全民健康的宗旨，重点关注青少年的健康情况。努力增加全国体育人口比例，做到每周达到三次以上的中等强度的体育锻炼，熟练掌握两种以上的体育锻炼方法，定期进行体育健康测评是《全民健身纲要》的重要提倡。

为了加强《全民健身纲要》的有效落实，国家体育总局在2003年斥资10亿人民币用来实施构建全民健身领域的建设工作，2001年体育彩票也对全民健身给予了重大的支持，体育彩票中的公益金用于全民健身领域，如在全国大部分城市建设了"中国体育彩票全民健身活动中心"，这一典型的公益工程自实施后收到了广大人民的欢迎，为大众建设提供了良好的健身环境；其中花费1.96亿人民币用于我国西部地区全民健身的构建，使西部地区的101个县市的居民享受到了全民健身公共体育设施带来的健身便利。2008年国务院决定自2009年起，把每年的8月8日定为"全民健身日"，它是对全民健身事业最好的支持。国家规定在每年的"全民健身日"中各地都要举行一定规模的体育锻炼活动，如体育节、健身活动比赛等，鼓励人民大众积极参与体育锻炼。借助2008年北京奥运会的余热，全民健身在我国社会中得到了很大的重视，并且北京奥运会带来的全民健身效应还将不断持续，在后奥运时代，全民健身愈演愈烈，在2015年国家及时颁发了新一周期的《全民健身计划》，新《全民健身计划》规划了未来5年全民健身事业发展图景，指明了新一周期全民健身事业发展方向，是一部承前启后，继往开来，对当今与未来全民健身事业发展都具有重要指导意义的文件，这既是推进新《计划》全面实施的实践需要，又是加强全民健身事业建设的理论需要。

案例分析：2021年全民健身日线上主题展示活动启动

2021年全民健身日线上主题展示活动是国家体育总局8月8日全民健身日开展和倡导的示范活动之一，于8月8日至9月15日期间通过线上形式举办。本次活动以"全民健身与奥运同行"为主题，以"全民健身"微信公众号为平台，旨在为人民群众健康生活和居家健身需求提供"引领与示范"的交流平台。

本次活动选取了在全民健身领域最具代表性、参与程度最广泛的足球、篮球、跆拳道、空手道、棒球、垒球、羽毛球、广场舞、太极拳、拔河、轮滑、全民健身路径等12个体育项目，不设专业门槛、不限表现形式，全面覆盖中老年人群和年轻人群，男女老幼皆可参与。

参与者可按分项具体要求，拍摄视频上传到活动官网参与活动。可通过手机端关注"全民健身"微信公众号，回复"报名"，获取活动报名链接或者通过导航栏目进入全民健身日线上主题展示活动官网页面进行报名，填写个人信息完成注册，点击"报名"按钮进行报名。

据介绍，全民健身日线上主题展示活动是在新冠疫情防控背景下进行的创新性尝试，一经推出就受到了广大人民群众的欢迎。2020年首届活动参与人数接近1.4万人，体育爱好者们通过互联网积极参与活动、进行健身展示自我，取得了良好的示范效果。

（二）全民健身概念的内涵

全民健身是为了满足社会及人的需要，并且是其他一切手段所不能完全替代的、重要的生活方式之一。人类因全民健身使自身需求空间不断充实与丰满，全民健身则因人类需求而获得其发展的理由。全民健身是为了所有人民的体质健康最集中的、最根本的体现，它是社会主义制度下对人民不断追求幸福高质量生活的体现，每个人都具有获得更加幸福美满生活的权利。在中国56个民族的背景下，必须构建和谐、团结、互助、平等的民族之间的稳定关系，满足各个民族人民对不断增长的健身锻炼需求，为了实现全国人民的整体富强、和谐、民主、文明，提高各个民族的体质健康水平是当今时代的重要责任与担当。全民健身的目标是满足人民群众日益增长的全民健身需求，把内容多彩、多样化形式的全民健身活动作为有效的载体，在身体运动的基本形式下，力求人民体质不断加强的长久目标。全民健身是实践中国特色社会主义不可或缺的一部分，它是中国社会主义政治和经济基本特征最真实客观的体现，发展全民健身运动离不开中国特色社会主义实践，要把全民健身运动的推广与普及作为中国特色社会主义实践和发展中国新时代要求的重要内容之一。

要把大力发展与推广全民健身及其相关事业在人民群众的普及作为我国全民健身计划的显著主题，全民健身运动不仅在全民健身事业方面有重大的贡献，而且已经成功实现全民不断增长的全民健身需求的供给保障，使全民的生活质量、健康水平，以及相关体育产业经济得到了三赢的发展，它是具有时代特征和意义的惠民革新化建设工程。特别是2009年《全民健身条例》的颁布实施和"全民健身日"的设立，更是在法律层面上加强了群众全民健身法治制度的基础建设。这对全民健身的实践起到了很好的杠杆作用，能够大力推动全民健身运动制度化、长效化、机制化，以此更进一步地说明了为了最大限度地满足人民群众不断增长的物质、文化需求，必须最快的发展社会的经济与科技化水平，达到彼此的适应。

从国家生产力的发展角度来看，动员全体民众参加体育锻炼是一种能够得到最大效益的投资；从人类的自身需求发展来看，开展全体人民的体育锻炼与让所有人民过上科学、幸福、健康、文明的社会主义最终目标是高度一致的，对于人民大众来说，全民健身可以满足他们自身的身心需求；从社会的发展需求来看，全面的发展必须包括文化教育、现代科技、环境卫生、全民健身的社会事业发展，还应该包括社会保障、社会和谐、社会公平、社会就业等的发展。因此，新时代的全民健身不能仅仅看作是一项发展群众体育锻炼的规划，更应该把它当作一种理念、一项事业、一个方向，体现出新时代社会发展的新要求，在群众全民健身各个因素、各方面发展的定向发展上做到统筹运行标志，成为推动全面构建全民小康社会发展的运行机制。

二、全民健身计划的意义与作用

（一）全民健身计划的意义

"全民健身计划"的提出和实施，对提高劳动者的全面素质，建立科学、文明、健康的生活方式，促进竞技体育与群众体育的协调发展，推动社会主义的物质文明和精神文明建设等都起到积极的作用，同时它还指明了我国体育事业的发展方向，对指导我国群众体育实践，促进体育理论建设，全面提高中华民族乃至全人类的健康水平和整体素质都具有重大意义。全民健身计划的意义主要体现在以下几方面。

1. 有利于社会活力的持续性

在我国全面建设小康社会的整体要求下，虽然人民群众的物质水平得到了提升，但是因病致贫，因身体健康出现问题后引起的学习、生活、工作等质量严重下降的情况频繁发生，所以在不断追求更高生活质量的道路上，必须提倡"身体是革命的本钱"的观念，赋予新时代要求的新内涵，个人身体健康是关系个人幸福、家庭美满、社会和谐的基础，是赋予社会可持续发展的活力与动力。

2. 有利于维护社会安全与安定

当今社会发展快，竞争激烈，生活状态紧张，精神压力巨大，在这种情形下，体育锻炼可以创造轻松娱乐的情景，通过身体活动改善机体的生理病态，更能有效地释放人民日久积累的内心压力，避免心理健康疾病的产生，减少了社会矛盾的产生，有利于构建和谐、安全、安定的社会环境。

3. 有利于社会精神文明建设

体育锻炼具有"文明其精神，野蛮其体魄"的作用，在秩序规则和文明礼貌的共同要求下，成为社会各阶段、各领域必备的教育手段，如城市社区管理中的精神文明建设就要求社区居民的全民健身指标，体育运动能够发挥出积极向上、乐观豁达、健康活泼、修身养性的精神特质，能够促进整个社会的精神文明建设与发展。

4. 有利于改善人际关系

全民健身是全体社会人民共同参与的体育计划，在家庭体育、社区体育、企业体育、学校体育等领域都广泛存在，在各个领域的人与人交流沟通中也几乎全部涵盖，全民健身的组织氛围是轻松愉快的，能够在任何人群中建立体育平等、融洽的人际关系，能够便于参加体育锻炼的人们沟通、交流、合作，可以大大改善亲子关系、邻居关系、同事关系，促进整个社会人际关系的进步提高。

（二）全民健身计划的作用

1. 增强身体素质，预防疾病

提高出勤率和劳动生产率，劳动者素质是决定一个国家经济发展水平高低，综合国力强弱的一个重要因素，而身体素质则是劳动者全面素质的物质基础。全面健身运动在社会中的广泛开展，能够惠及每一个人，每人都享有体育锻炼的机会，能够使人们科学的锻炼身体，能够使各单位职工锻炼身体有地可去，有效增强职工的身体素质，使职工的体力和精神压力、疲劳得到一定的缓解和消除，能够保持比较旺盛工作生活精力，提高劳动效率。随着职工机体和精神状况的改善，从而提高他们的对疾病的抵抗能力，能够做到有效的预防常见的各种疾病和职业病，大大降低劳动者患病的概率，提高劳动者的生活质量。

2. 调节机能状态，提高工作效率

从运动生理学角度分析，人体自身的机能状态在一天的工作生活中具有明显的规律特征。在上午工作开始时，10~30分钟的"工作入门期"，接着是保持较高效率的"高校稳定期"，此阶段可持续100分钟；随后出现疲劳，进入"疲劳期"，生产效率逐步下降。下午情况类似，但"工作入门期"缩短，只有5~10分钟，"高效稳定期"一般持续60分钟，"疲劳期"一般出现较早。我们可以结合这一规律，在职工进入疲劳期时进行一定的体育活动锻炼，改善工作者的机体疲劳和精神倦怠，从而达到调节机体工作状态的目的，提高工作效率。

3. 刺激体育相关产业的发展

"全民健身计划"与社会的经济发展是相互影响制约的，两者具有高度匹配关系，它是群众体育适应社会主义市场经济体制的建立面提出的配套工程，也是高度符合市场经济规律的产物，可以与经济协调发展。"全民健身"不断在人民大众中广泛开展，人民大众对物质文化生活水平和参加体育锻炼的愿望也随之增加，人们对体育锻炼的价值取向和行为规则都将发生明显的变化，体育锻炼的健身价值、娱乐价值在人民参与体育锻炼时也会体会更深，更多的人会增加体育锻炼中的"体育消费"，以求更高体验的体育锻炼实践，来获得更好的放松愉悦身心的效果，得到更高质量的业余文化生活，这就能有效增加社会文化体育消费的增长比例，调整我国消费结构，体育相关的产品、服务等的需求量呈正常趋势，刺激和带动体育相关产业的发展。

4. 丰富业余文化生活，增加人际沟通

全民健身活动具有全民性，涉及人数多、范围广，任何领域的人员都能参与到全民健身锻炼中，完全可以以业余体育锻炼为媒介，建立不同群体的交流平台，能够大大提高不同人群的业余生活质量，不同领域的人群可以以体育锻炼为契机，加深了解，增进感情，建立友谊，增强企业凝聚力，打造文明的社会消遣方式。

三、全民健身计划内容

（一）大众健身内容

1. 个体健身内容

根据近些年开展的《中国群众体育现状调查结果报告》显示，我国体育人口选择的健身活动排名前列的是快走与跑步、羽毛球、游泳、足篮排球、乒乓球、体操、登山、舞蹈、台球与保龄球及跳绳。最近几年，社会中的体育人口越来越多，尤其是中老年人体育锻炼的人数急剧的增加，适合中老年人锻炼的体育项目也随之增加，如气排球、高尔夫、门球及地掷球，中老年人的体育锻炼在一定程度上取代了静坐的益智类游戏项目，如打麻将、桥牌、扑克牌、下棋等。

2. 群体健身内容

据调查，我国城乡居民群众体育活动点所从事的体育锻炼项目依次为健美操、武术、秧歌、交谊舞、广播操羽毛球、健身气功、门球、网球。这些活动点的活动特点基本常年不变，只有大约13.3%的活动点项目随季节变化有所变化，8.3%的活动点有随体育潮流的变化而变化的趋向。随着体育项目不断地发展与普及，大众全民健身不再是只有从前数量不多、单一枯燥的单调项目，更多的新兴时尚体育项目已经加入了全民健身行列，还有更多的健身功能十足的体育项目在全民健身中得到了引入与创新，如武术和健美操的有效结合，达到了刚柔并济的健身效果，在我国中老年及青少年健身人群中欢迎度很高；又如老年人的拐杖操，动作节奏很适合老年人，具有很好的健身功能和艺术气息。

（二）商业健身人群的健身内容

商业健身服务业是通过向客户提供优质的体育健身产品和优良的服务，从而满足客户健身需求的服务行业。目前这一行业在我国的发展势头迅猛，随着人们的消费意识、健身意识和健身体验要求的提升，商业健身人群的数量也在逐渐增多。常见的商业体育健身项目主要有以下几类：健身操类，包括健美操、普拉提、肚皮舞及瑜伽课程等。此外还有常见的动感单车、跆拳道及太空漫步机等。在很多健身房及会所中还有壁球、网球、沙狐球、高尔夫球等，常见的最基础的跑步机和身体各部位肌肉的锻炼器械是不可缺少的。近来比较流行的是增加人们健康体能的体育项目，如适合青少年运动的平衡车、动感轮滑等，这些既有利于发展锻炼者协调性、柔韧性，又增加商业锻炼人群体育项目的选择性。

（三）全民健身项目的竞赛内容

体育活动最为普遍的形式就是竞赛方式，因此其自然也就成为全民健身活动中的重要组织形式。随着近几年全民健身活动的热潮，很多体育竞赛项目深受人们的喜欢，并且一些体育项目竞赛已经形成了一定的规模，成为全民健身的一大标杆，如"全民体育运动会""企业运动会"等，除了综合性的运动竞赛外，单项群众体育竞赛也是很多的，如舞龙舞狮比赛、门球比赛等。需要特别注意的是，虽然竞赛在全民健身中是主要的手段之一，但是全民健身中体育竞赛要与竞技体育中的比赛有一定的区别性，尤其是比赛的理念，更应该具有健身性与娱乐性，竞赛规则要根据参赛人群，进行合理的改动以适用于参赛人群，这样可以更好地开展全民健身竞赛活动，推动全民健身的发展。

第二节　社区体育管理

一、社区体育管理释义

在体育管理领域中，社区体育管理是居住性区域中居民体育实践与发展的重要内容，在实现体育管理中的全面性发挥着重要作用，管理情况的好坏直接影响社区居民享有体育质量的优劣。社区体育管理要求社区管理者必须具备很高的体育素养，既能够指导居民体育锻炼，又能够组织社区居民参与体育活动，这就要求管理者具备扎实体育基本理论与相关的体育技能。

（一）社区体育管理的概念

社区体育管理是指社区管理人员能够合理调配和协调组织社区中与体育相关的人、资金、设施、场地、信息等社区体育资源，从而达到高效的社区体育目标。社区体育管理的含义主要包括：

①社区体育管理是以实现社区体育目标为主要目的而进行的一种资源调配和组织协调活动。社区体育管理目标主要体现在：第一，社区居民通过体育锻炼可以改善居民的生活方式，丰富居民的休闲文化生活，达到增强居民体质与充实精神文明的目的。第二，社区居民以体育锻炼为契机，通过体育相互认识、相互沟通、相互交流，增进邻里之间的感情，从而增强社区居民的凝聚力。

②社区体育管理可以最大化地实现社会体育资源的利用。社会体育中社区居民的体育锻炼是占比例较大的一个群体，社区居民积极参加体育锻炼能够推动社会体育中体育组织、设施、场地、器材等的利用与发展，实现社会体育建设中资源利用的最大化效益。

③社区体育管理在社区居民体育锻炼中起到协调组织、有效控制、综合治理的效果，是实现体育进社区的必要途径，实现体育在社区中的计划性发展、目的性组织、高效性控制，从而保障体育惠及社区每一位居民。

（二）社区体育发展的背景

社区体育管理是现阶段管理群众体育的新的增长点，是现阶段重点建设和大力发展的内容。长期以来，由于我国群众体育实施的是行业体育或单位体育的体制，因此行业体育组织或单位体育组织在我国历史上发展程度和水平较高。我国群众体育的产生、发展、成熟、盛行是离不开行业体育组织或单位体育组织的，它既推动了我国的人们群众生活健康和体质健康的发展，又推动了我国社会体育的建设，对群众体育具有不可磨灭的贡献。随着改革开放的到来，社会主义经济体制由计划经济体制变成了市场经济体制，在市场经济体制的发展需求下逐渐淘汰了社会体育中的"条条管理，单位管理"模式，也淘汰了行业体育组织或单位体育组织，它们已经很难适应在这个经济体制转化时期中人民群众新的需求和社会体育发展的实际需要。社会主义市场经济体制的建立，社区的建设、组织、功能、服务发生了一系列有别于过去的重要变革，社区体育和社区体育组织正是在经济体制发生变革的条件下，为积极适应计划经济体制向市场经济转轨的需求而起步并迅速发展起来的。

在时代变革和时代发展的必然要求下，社区体育成为社会发展的重要产物，一些相关法律法规在社区体育的发展中也起到了推波助澜的作用，如1995年6月国家体委颁布实施的《全民健身计划纲要》中要求，积极发展社区体育，街道办事处要加强对体育工作的组织，发挥居民委员会和基层体育组织的作用，做好社区体育工作；又如1995年全国人大通过并颁布实施的《中华人民共和国体育法》第二十条指出：城市应当发挥居民委员会等社区基层组织的作用，组织居民开展体育活动。

另外，社区体育随着我国社会主义市场经济的不断发展和人民群众对体育锻炼需求的日新月异，1997年我国体育局、教育部、文化部、建设部、民政部相互联合下发了《关于城市社区体育工作的意见》；2000年2月中央文明办等九部委联合下发了《科教、文体、法律、卫生四进社区的通知》；2002年7月中共中央、国务院发布了《关于进一步加强和改进新时代体育工作的意见》；2008年北京奥运会前后，随着全民健身热度的高涨，社区体育的也得到了空前的大力发展，小区居民享受到了社区体育带来了货真价实的切身利益。社区体育在我国的相关制度制定下得到了大力的发展，我国的相关制度也对社区体育在社会发展中做出了新的要求与指示，在相互依存与协同下，既发展社会体育经济，又助力社会精神文明的建设。

案例分析：52个社区成为"体育生活化社区"

北京市"体育生活化社区"授牌仪式在东四奥林匹克社区举行，共有13个区县的52个社区获得了"体育生活化社区"称号。在这些社区中，不少居民家里都已被健身器材"武装"起来，体育健身活动已渗透到日常生活中。随着北京奥运会的临近，北京市民参与全民健身活动的热情日益高涨。"体育生活化社区"最早于2005年在景山街道黄化门社区试点启动。据北京市体育局的工作人员介绍，作为北京市首个体育生活化社区，黄化门社区的居民已自发组建了乒乓球、柔力球、健身舞等14支健身队伍，社区每年都举办综合运动会，月月都有体育健身比赛，家家户户都有体育健身活动的积极参与者。东直门胡家园社区也是52个体育生活化社区中的一个。在该社区内，用箱子装好的包括毽子、跳绳、羽毛球拍等在内的"健身小伙伴"早就"入住"到小区内的楼门口，管理员会定期、定时开箱，供居民免费使用这些器材进行健身。日前，该社区还将90套单价2500元的体育健身器材免费送到了一些居民家中。77岁的谷大爷收到健身器材后十分高兴："你看，有哑铃、拉力器，还能跑步，以后在家里的锻炼方式更多了。"

(三)社区体育的特点

1. 区域固定，范围较小

社区体育具有明显的区域性特点，主要表现为区域比较固定，社区区域一般包括居民小区、社区、街道、委员会等，区域一般不会发生变化，并且是以每个区域为以群体进行体育活动，涉及范围较小，体育活动的组织与开展是按就近原则进行，一般在小区广场或小区健身中心集中进行开展，具有显著的区域固定，范围小的特点。

2. 体育项目多样性

社区体育是以社区居民为主要参与对象，社区居民又具有来着不同地域、民族的特点、加之居民的个人爱好不同，社区体育项目具有多样性特点，它涵盖了民族性体育项目、民间体育项目、大众健身体育项目，具有传统与现代、正规与自创、简单与复杂的本质特征，如健身操、健身舞、游泳、跑步、单双杠、舞龙舞狮、健身气功等体育项目。

3. 娱乐性

社区体育永远离不开娱乐性，娱乐性是社区居民参与体育锻炼的最大目的之一，作为集大众文化、娱乐、健身健美、竞技、美学于一体的社区体育，其体育项目的选择必须建立在趣味性与多样化的有效整合下，确保选取内容必须符合自身爱好，突显社区体育的娱乐氛围，居民参与体育锻炼是追求的心情舒畅，娱乐放松，精神舒缓。

4. 民间自主性

虽然社区体育有相关法律与制度的保护与约束，但是大部分社区体育的组织与开展都是民间自主进行的，如社区游泳协会组织游泳、社区武术协会举行社区武术比赛等，社区体育民间自主性强调的是"以个人爱好"为原则，具有相同兴趣的社区居民为一体育群体，居民具有自主决定参与何种体育组织的权利，体现了社区体育的自主、自由、自愿的特点。

5. 活动场地、项目的随意性

社区中的居民特征比较复杂，活动形式多样，把社区体育进行集中统一是不可能实现的，每一个社区体育组织进行体育锻炼并不是进行场地固定的，尤其是一些对场地需求不高的体育项目，例如广场舞、健身操等，可以根据实际情况的需求选择锻炼场地，他们的锻炼场地分散在小区或小区外面的每一个合适角落；社区体育居民可以选择不同的体育项目进行非固定的体育锻炼，可以根据自身心情、天气情况、身体状况等随意的选择适宜的体育锻炼项目，体现了社区体育的随意性。

二、社区体育管理的原则

社区体育管理遵循的原则是由社区体育的性质决定的，我们必须紧扣社区体育的自身特性，在社区体育实施中以社区体育管理原则为标准，明确这些原则和要求对于社区体育管理建设具有重要意义。社区体育管理的原则主要包括为下面几点。

（一）满足社区居民实际需求

满足社区成员参加体育锻炼的需求是社区体育管理的最终目的，那么社区体育管理就必须从社区居民的实际需求出发，结合社区居民的体育意识、社区经济水平、社区体育设施配套建设等制订适合社区体育发展的管理计划。再根据社区居民的文化水平、年龄结构、人口素质、职业特点、经济条件等存在较大的差异，群众对体育的实际需求在各个社区存在差异的特点，开展适合本社区特点的体育，做到因地制宜，因人而异，区别对待。对于社区群众喜闻乐见、比较合适自己的活动方式和迫切需求的体育锻炼等要做到优先发展实施，社区体育发展不能急于求成，要做到循序渐进、由小到大、有难到易、量力而行，逐渐普及社区体育活动项目与体育设施的常规化建设，满足不同居民的需求，提高社区体育作用价值。

（二）以确保社区居民利益为主导

社区体育建设与发展是以保障社区居民利益为根本前提的，必须确保社区体育服务内容开展建立在公益性与福利性的基础上，必须提倡低成本开支，低偿服务收费或者义务服务。社区体育的开展必须以社区多数居民参与体育而获得的自身利益为出发点，一定要避免管理者为了片面的追求社区经济效益而不顾居民利益，牺牲居民个人利益换取社区部分利益的不理智做法，必须把社区居民的根本利益放在第一位。

（三）社会支持与政府协同并进

社区体育属于社会体育建设的一部分，具备大众性体育互助的特性，应该动员社区内全体居民的广泛参与，以及通过居民的人际关系获得社会各界的关注与支持，还要依靠政府相关部门进行协同管理与资助，社区体育的资金筹备应该以社会支持为主，政府资助为辅，把社区居民的各种力量凝聚起来发挥到社区体育建设中去，只有社区内的全员动员参与，才能保证社区体育的日趋完善。

（四）科学管理，保障实效

开展社区体育既要根据管理学原理，又要兼顾体育学规律，才能做到科学合理的构建社区体育发展路径，才能为直接提高人民群众健康水平提供高质量的服务。以"科学管理社区体育，保障社区居民体育的实效"为原则，加强体育知识与健康知识的宣传，积极组织社区群众参与健康的体育锻炼活动，并在锻炼中给予正确的指导，不搞形式主义，真正达到提高社区居民健康水平，增强社区居民体质的实际效果，以社区体育中群众获得的实际效果作为评判社区体育开展的好坏标准，才能保证社区体育的生命力和持久力。

（五）软硬建设并重

最直观反映社区体育建设规模及发展水平，判断是否具有卓越成效的是看社区体育场地设施数量与质量是否满足群众的体育需求。因此，必须按照国家有关规定，城市建设规划部门要根据城市发展进行社区体育场地设施的合理布局与规划，在布局规划中要统筹社区的个体建设与城市整体发展，还要制订合理的总体建设与详细计划方案，做到统一安排，做好社区体育场地设施硬件建设，对于社区体育场地设施存在建设困难的情况，可以协调学校体育场地对附近社区居民进行定期定时开放，确保附近居民获得体育锻炼机会。在确保社区体育硬件建设的同时，还要保障社区体育软件建设，社区体育应该定期聘请专业的社区体育指导员对社区居民体育锻炼进行规范的指导，完善社区体育管理组织，建设一支爱体育、懂业务、善管理的专业队伍，提高社区体育服务质量。

三、社区体育管理的内容与方法

（一）社区体育管理的内容

1. 居民体育活动的组织管理

所有的体育活动在计划开展后的第一步就是思考如何顺利完成活动，即组织管理，所以建立一套社区体育组织管理体系是尤为重要的。组织管理应该由上级到下级融会贯通，上至市级人民政府管理部门、街道办事处相关部门，下至居民委员会、社区体育服务中心、各体育项目协会，形成以政府相关部门牵头，街道办事处为主体，居民委员会为依托，社区体育服务中心为基地，体育协会为执行者的社区体育组织管理体系。社区体育管理是"点点相连"形成"线线交织"，再到"面面相盖"的多维度、大范围的管理，只有建立由上至下的贯通式组织管理模式，才能形成"点点""线线""面面"的全覆盖组织管理效果。社区体育组织管理体系要明确各个管理者的目标和责任，完善社区体育各项目管理组织机构。在社区体育组织管理建立后，管理者应该摸清社区的整体情况，制订合情合理的社区体育组织计划，调查社区现状要深入和全面，包括社区环境、体育资源现状、居民结构、体育活动需求等，对方方面面都要进行当下及未来的规划，明确社区体育发展的目标和实现目标的对策，必须把社区体育组织管理与城市组织管理相互协同，切合实际的进行组织管理。

2.社区体育服务管理

构建社区体育服务管理体系是建立在根据社区居民体育需求，满足居民体育资源的基础上，构建与完善相关体育服务人员组织的管理，其中包括体育项目指导、体育场地器材管理、体育医疗服务、体育文化宣传等，相关部门及社区居民要对管理与服务人员进行监督，以求提高社区居民享有的体育服务质量和满意度。社区体育服务具备互助性、群众性、公益性、地域性的特点，互助性是指动员社区所有居民参与到社区体育服务中去，以"你服务于我，我服务于你"的互助性原则，开展社区体育服务组织建设；群众性是指社区居民体育服务是覆盖整个市区的，不能以某些特殊群体为主，所有社区群众都享有等同的服务质量；公益性是指体育服务不能以营利为目的，要提供免费自愿的服务；地域性是指明确社区服务范围与服务对象，有权对非本社区人员不提供体育服务。社区体育服务主要包括：便民的体育服务、社区体育组织和单位团体的相互服务、特殊群体（老幼弱残孕人群）的服务。

3.社区体育文化管理

体育文化是构建社会生态文明的一部分，社区体育文化管理主要包括居民文体活动、体育娱乐休闲、体育宣传、体育活动特色等，社区体育文化管理的具体内容是对文化娱乐设施进行规划和建设，组织健全各类文体活动组织，帮助和指导这些组织开展社区体育文化娱乐活动、群众性文体活动，引导社区居民进行全民健身活动。要根据社区情况进行体育文化宣传、教育，有利于提升社区居民体育兴趣、开阔眼界，获取更多有价值的体育知识，明确社区体育目标，丰富居民项目对体育的认识，有利于社区体育的进一步大力推广。社区文体活动要求管理者与时俱进，要以最能反映当代特色而制订文体活动的主题，让社区居民紧跟时代步伐，满足社区居民的精神文化追求。在体育宣传上，要通俗易懂，好记上口，可以借用一些流行的网络语言进行修饰、改进，让社区群众过目不忘，牢记心中。

4. 社区体育资源管理

社区体育资源主要包括人力、物力、财力。人力资源管理是指培养能够胜任社区体育管理工作的人员，要经过专门的学习和培训，提升相关管理人员的体育组织能力，业务技术水平等专业技能，能够成为为社区居民体育高质量的体育服务管理团队。据调查显示，我国社会体育指导员有27万人左右，但城市社区体育的管理人员中兼职人员多，专职人员少，而且大部分管理者身兼多职，工作内容杂，很难在社区体育指导工作上投入很多精力；而社区体育工作者中多数未受过专业培训，业务水平有限，这种状况很难使社区体育工作适应体育发展和社区体育建设的需要。因此，社区体育人力资源管理的当务之急是建立一支能够适应本社区情况，为社区群众体育工作负责，热心服务社区群众的高质量管理团队。社区物力资源管理主要是指对社区体育场地设施、体育活动场馆、体育器材等相关实物环境的管理，社区体育场地设施、器材要根据社区居民的需要进行按需购买分配，还要整合整个小区的环境，选择合适的地方进行布置安装，做到居民使用方便、不占用绿化带、消防通道、不扰民、不妨碍居民，管理者要对社区体育物力资源进行实时监管，对于破坏公共资源的行为要及时阻止并进行相应处罚，对已经破坏的物力资源要进行及时的维护与修补。财力资源管理是指对社区现有体育资金进行有效管控，对社区未来购置体育设施器材的资金进行筹集预备，社区体育财力资源管理要制订严格的财务制度，做到会计、出纳、审计严格把关，不让用于居民体育建设的专项资金贪污浪费，还要积极向街道、政府及社会单位等沟通合作，努力筹备更多的财力资源为小区未来体育建设未雨绸缪。

（二）社区体育管理的方法

1. 成立体育运动协会或小组

体育运动协会及小组的成立是由相同体育爱好、兴趣的人自愿成立的，长跑协会、太极拳小组、广场舞小组等，成立以小部分人群为单位的锻炼组织，可以在各个组织中选出负责人，可以分担社区体育管理任务，使管理效果更加明显。

2. 规划固定社区体育活动地点

虽然很多体育活动不受场地、地点的约束，但是社区为了更好管理，服务社区居民，可以根据体育项目特点对居民参与体育锻炼地点合理的规划安排，如广场舞专用活动场地、棋牌活动室、文体活动室、老年之家、青年活动室、健身房等，这样既可以使社区环境整齐划一,又能为居民体育锻炼提供便利,使居民体育与生活不发生矛盾冲突。

3. 利用行政与法律手段进行干预

运行国家的体育法律法规和社区的相关行政条例,依靠行政组织,行使行政职权,对社区体育管理进行权威性、强迫性、针对性、高效性的管理,例如《体育法》《全民健身纲要》及各地方的体育管理条例意见等,让管理者有法可依、有规可循,社区居民的体育行为必须合法合规,共创文明、合法、和谐的社区体育环境。

4. 开展宣传教育,提供咨询顾问服务

开展社区体育宣传教育可以利用社区内的公共宣传栏、广播、海报等为主要媒介,通过采用图形、文字、视频、言语等形式,对社区体育进行宣传,增强居民的体育意识、健康意识、健身意识,教授居民正确的体育锻炼方法,教会居民正确使用体育器材,宣传教育要科学正轨、简单易懂、易于操作。在体育锻炼中遇到问题应及时向管理人员进行反馈,管理者要主动征求居民在体育活动中的意见和建议,可以提供社区体育咨询顾问服务站,聘请相关专业人员定期进社区为居民在体育锻炼中遇到的问题进行解答,正确引导社区居民体育锻炼方法,体现社区体育管理效果中管理者民主意识与被管理者的参与意识紧密相连的关系。

案例分析:老人放藏獒冲散广场舞大妈

据悉,由于邻居跳广场舞放音响过大影响了自己休息,56岁的施某拿出家中藏匿的双筒猎枪朝天鸣枪,还放出自己饲养的3只藏獒冲散跳舞人群。某天上午,施某因涉嫌非法持有枪支罪在北京昌平法院受审。

据施某说,他院子的旁边有个小广场,每天早晚都有一帮人在小广场上跳广场舞,而且放很大的音响,"他们放的音乐低音很吵,震得我脑袋直疼,吵得我根本睡不了觉。"事发当天,施某喝多了酒,听到家附近又开始放音乐,施某气不打一处来,抄起家中藏匿的一把双筒猎枪走出家门朝天放了一枪,随后又放出自己饲养的三只藏獒冲进跳舞人群,将跳舞大妈吓得四散而逃。公诉机关认为,施某存在坦白情节,建议判处其有期徒刑6个月至9个月。施某这一枪不但吓跑了广场上跳舞的大妈们,也将各地频发的广场舞矛盾推向了高潮。他的行为虽过分,但网上却有不少网友为其叫好,抛开极端的情绪化声音不论,也足以说明广场舞扰民,确实是许多人都有切身感受的"老大难"问题。近期频频见诸报端的新闻,从纽约华人公园排练音乐遭投诉后警方抓人,再到武汉大妈跳广场舞遭遇泼粪，都足以说明深受群众喜爱的广场舞，也相应地深受另一批群众的不满。本来是全民健身的广场舞，变成了一场关于噪声矛盾的"战争"。

第三节 课后习题

（1）什么是"全民健身计划"纲要？
（2）全民健身计划的意义与作用是什么？
（3）全民健身计划内容是什么？
（4）社区体育管理的概念是什么？
（5）社区体育的特点有哪些？
（6）社区体育管理的原则是什么？
（7）解释社区体育管理的内容与方法。
（8）如何看待社区体育造成的扰民？

第八章 体育产业管理

当前,体育产业在国民经济中具有很大的发展前景,被称之为"朝阳产业"。近年来,国家提出"稳增长、调结构、促改革、惠民生"的总体发展战略。政府通过优化体育产业政策、调整体育产业结构、协调体育产业发展、提高体育产业效益等方面的建设,在推进经济增长、增加社会就业、满足人民需求、改善人民生活等方面也持续发挥了巨大的作用。提高体育产业管理水平,完善体育产业机构设置,制定适应我国国情需要的体育产业管理体制。

第一节 体育产业概述

一、体育产业的定义

体育作为一种文化现象在人类社会中有千年的历史,作为一种经济现象在人们的生活中也出现了逾百年之久,而作为一项产业对一个国家经济总量和结构产生影响却不过半个世纪的时间。

在当前阶段,学术界关于体育产业概念的界定仍然存在争议和不统一,主要包括两种说法,广义概念代表主要有杨德勇,在他看来体育产业是"为社会提供体育产品的同一类经济部门的总和"。体育产业狭义概念的代表有伍海华,阐述体育产业是"生产和经营体育商品的企业集合体"。

(一)体育的概念

对于"体育"一词,在《现代汉语词典》中解释为"以发展体力、增强体质为主要任务的教育,通过参加各项运动来实现。是指以身体练习为基本手段,以增强人的体质,促进人的全面发展,丰富社会文化生活和促进精神文明为目的的一种有意识、有组织的社会活动。它是社会总文化的一部分,其发展受一定社会的政治和经济的制约,并为一定社会的政治和经济服务。"从该定义来说,体育从本质上可以看作是属于人类文化的范畴。

（二）产业的概念

产业一般是指"生产同类产品或提供类似服务的经营单位的集合"。从这个定义来讲，产业属于经济学理论。

（三）体育产业的概念

将"体育"与"产业"二者相结合，体育产业是一个文化方面的经济学定义，也可称之为"文化经济的一种"，体育产业就是生产和经营体育商品的企业集合体，是指生产体育物质、精神和文化产品，并提供体育服务的各行业的总和，也是为社会提供各种体育产品（货物和服务）和体育相关产品的生产活动的集合。体育产业作为国民经济的一个部门，具有与其他产业相同的共性，即注重市场效益、讲求经济效益，同时又具有不同于其他产业部门的特性。其产品的重要功能还在于提高居民身体素质、拉动经济增长、发展社会生产、振奋民族精神、实现个人的全面发展和社会文明进步。

（四）我国体育产业的现状

21世纪，在经济社会快速发展和经济增长步入新常态的大背景下，我国将体育产业作为新的经济增长点，列为六大消费增长点之一。习近平总书记在2017年8月27日会见全国体育先进单位和先进个人代表时强调：体育承载着国家强盛、民族振兴的梦想。体育强则中国强，国运兴则体育兴。要把发展体育工作摆上重要日程，精心谋划，狠抓落实，不断开创我国体育事业发展新局面，把我国建设成为体育强国。为推进健康中国建设，提高人民健康水平，2016年10月中共中央、国务院印发的《"健康中国2030"规划纲要》中明确指出：积极发展健身休闲运动产业，在"健康中国，全民健身"的大背景下，推进体育产业发展、推动全民健身上升为国家战略，体育产业作为低碳经济，以能耗低、污染小、附加值高、产业链长等优势，日益成为实现经济转型升级的重要动力，促进居民消费、惠及民生福祉的重要内容。

据国家统计局2020年1月发布的《2018年全国体育产业总规模和增加值数据公告》经核算，2018年全国体育产业总规模（总产出）为26 579亿元，增加值为10 078亿元，体育产业增加值占国内生产总值的比重达到1.1%。从体育产业内部结构看，体育服务业保持良好发展势头，增加值为6 530亿元，在体育产业中所占比重达到64.8%，比上年有所提高；其中体育用品及相关产品销售、出租与贸易代理规模最大，增加值为2 327亿元，占全部体育产业增加值比重为

23.1%。体育用品及相关产品制造的增加值为 3 399 亿元，占全部体育产业增加值比重为 33.7%。体育场地设施建设的增加值为 150 亿元，占全部体育产业增加值比重为 1.5%（表 8-1-1）。

表 8-1-1　2018 年全国体育产业状况

分类名称	总量\亿元 总产出	总量\亿元 增加值	结构\% 总产出	结构\% 增加值
体育产业	26 579	10 078	100.0	100.0
体育服务业	12 732	6 530	47.9	64.8
体育管理活动	747	390	2.8	3.9
体育竞赛表演活动	292	103	1.1	1.0
体育健身休闲活动	1 028	477	3.9	4.7
体育场地和设施管理	2 632	855	9.9	8.5
体育经纪与代理、广告与会展、表演与设计服务	317	106	1.2	1.1
体育教育与培训	1 722	1 425	6.5	14.1
体育传媒与信息服务	500	230	1.9	2.3
体育用品及相关产品销售、出租与贸易代理	4 116	2 327	15.5	23.1
其他体育服务	1 377	616	5.2	6.1
体育用品及相关产品制造	13 201	3 399	49.7	33.7
体育场地设施建设	646	150	2.4	1.5

（资料数据来源：国家统计局）

二、体育产业的分类

体育产业在各国的界定和分类存在差异，在经济市场化和全球化的背景下，体育产业迅速成为经济产业化发展的热点，是部分发达国家的支柱产业之一，且其产值占到国民生产总值 3% 左右。我国体育产业较西方发达国家而言，虽然起步较晚，但在国家的大力扶持培育下也在迅猛发展，体育产业作为我国的绿色产业、朝阳产业，其每年的产值规模相当可观。

（一）国外体育产业分类

国外将体育产业分类的观点，有以下三种：

①皮兹模式（Pitts，1994），把体育产业分为体育表演、体育生产、体育推广三个亚类；

②米克模式（Meek，1997），把体育产业分为体育娱乐、体育产品、体育支持性组织三个部分；

③苏珊模式（Susan，2001），把体育产业分为体育生产、体育支持两个大类。

（二）我国体育产业分类

我国体育事业产业化始于20世纪80年代，虽起步较晚，但发展迅速，产业规模逐渐扩大，产业质量大幅度提升，产业效益明显提高。1995年6月16日，国家体委下发了《体育产业发展纲要》，将该阶段我国体育产业分为三大类：第一类为体育主体产业类，指发挥体育自身的经济功能和价值的体育经营活动内容，如对体育竞赛表演、训练、健身、娱乐、咨询、培训等方面的经营；第二类指为体育活动提供服务的体育相关产业类，如体育器械及体育用品的生产经营等；第三类指体育部门开展的旨在补助体育事业发展的其他产业活动。

在20世纪80年代，伴随着我国经济的发展和经济体制改革，我国体育产业概念出现了。从产业分类的角度看，体育产业的属性是明晰的，属于第三产业。体育事业属于生产性事业，是一项产业，这在国民经济统计中已得到确认，因此，体育事业属于第三产业，体育是第三产业的一个部门。

此外，还有将体育产业分为上游、中游和下游产业。这种分类是以体育活动为原点的生产、经营和开发的产业链（图8-1-1）。

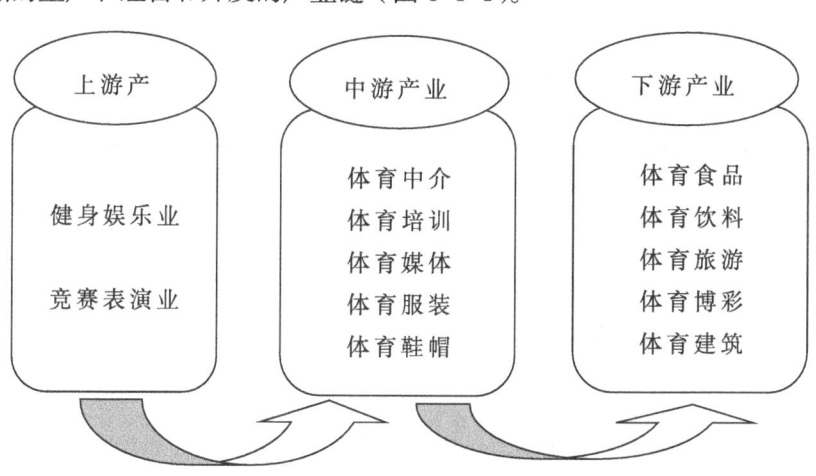

图8-1-1 体育产业链示意图

2015年依据《中华人民共和国统计法》和《国务院关于加快发展体育产业促进体育消费的若干意见》(国发〔2014〕46号,以下简称《意见》),以《国民经济行业分类》(GB/T 4754–2011)为基础,制定国家体育产业统计分类,本分类将体育产业范围确定为体育管理活动、体育竞赛表演活动、体育健身休闲活动、体育场馆服务、体育中介服务、体育培训与教育、体育传媒与信息服务、其他与体育相关服务、体育用品及相关产品制造、体育用品及相关产品销售、贸易代理与出租、体育场地设施建设等第一层为体育产业的11个大类;第二层为体育产业的37个中类;第三层为体育产业的52个小类。

2019年国家体育产业分类,主要依据《国务院关于加快发展体育产业促进体育消费的若干意见》《国务院关于印发全民健身计划(2016~2020年)的通知》和《国务院办公厅关于加快发展健身休闲产业的指导意见》提出的重点任务,确定体育产业的基本范围,以《国民经济行业分类》为基础,对国民经济行业分类中符合体育产业特征有关活动的再分类,突出我国体育活动的特点和实际发展现状,充分考虑体育产业发展中的新业态和新模式。

分类范围包括:体育管理活动、体育竞赛表演活动、体育健身休闲活动、体育场地和设施管理、体育经纪与代理、广告与会展、表演与设计服务、体育教育与培训、体育传媒与信息服务、其他体育服务、体育用品及相关产品制造、体育用品及相关产品销售、出租与贸易代理、体育场地设施建设等11个大类,其中又细分为37个中类和71个小类(表8-1-2)。

表8-1-2 《国家体育产业统计分类(2019)》

大类	中类	小类
01 体育管理活动	011 体育社会事务管理活动	体育社会事务管理活动
	012 体育社会组织管理活动	体育社会组织管理活动
	013 体育保障组织管理活动	体育保障组织管理活动
02 体育竞赛表演活动	021 职业体育竞赛表演活动	职业体育竞赛表演活动
	022 非职业体育竞赛表演活动	非职业体育竞赛表演活动
03 体育健身休闲活动	031 运动休闲活动	运动休闲活动
	032 群众体育活动	民族民间体育活动、其他群众体育活动
	033 其他体育休闲活动	其他体育休闲活动

大类	中类	小类
04 体育场地和设施管理	041 体育场馆管理	体育场馆管理
	042 体育服务综合体管理	体育服务综合体管理
	043 体育公园及其他体育场地设施管理	体育公园及其他体育场地设施管理
05 体育经纪与代理、广告与会展、表演与设计服务	051 体育经纪与代理服务	体育经纪人、体育保险经纪服务、体育中介代理服务、体育票务代理服务
	052 体育广告与会展服务	体育广告服务、体育会展服务
	053 体育表演与设计服务	体育表演服务、体育设计服务
06 体育教育与培训	061 学校体育教育活动	学校体育教育活动
	062 体育培训	体育培训
07 体育传媒与信息服务	071 体育出版物出版服务	体育出版物出版服务
	072 体育影视及其他传媒服务	体育影视及其他传媒服务
	073 互联网体育服务	互联网体育服务
	074 体育咨询	体育咨询
	075 体育博物馆服务	体育博物馆服务
	076 其他体育信息服务	其他体育信息服务
08 其他体育服务	081 体育旅游服务	体育旅游服务
	082 体育健康与运动康复服务	体育健康与运动康复服务
	083 体育彩票服务	体育彩票服务
	084 体育金融与资产管理服务	体育金融与资产管理服务
	085 体育科技与知识产权服务	体育科技与知识产权服务
	086 其他未列明体育服务	其他未列明体育服务

续表

大类	中类	小类
09 体育用品及相关产品制造	091 体育用品及器材制造	球类制造、冰雪器材装备及配件制造、其他体育专项运动器材及配件制造、健身器材制造、运动防护用具制造、特殊体育器械及配件制造、其他体育用品制造
	092 运动车船及航空运动器材制造	运动汽车、摩托车制造、运动船艇制造、航空运动器材制造
	093 体育用相关材料制造	运动地面用材料制造、体育用新材料制造
	094 体育相关用品和设备制造	运动服装制造、运动鞋帽制造、体育场馆用设备制造、体育智能与可穿戴装备制造、运动饮料与运动营养品生产、体育游艺娱乐用品设备制造、运动休闲车制造、运动康复训练和恢复按摩器材制造、户外运动器材及其他体育相关用品制造
10 体育用品及相关产品销售、出租与贸易代理	101 体育及相关产品销售	体育用品及器材销售、运动服装销售、运动鞋帽销售、运动饮料与运动营养品销售、体育出版物销售、体育游艺等其他体育用品及相关产品销售、体育用品及相关产品综合销售、体育用品及相关产品互联网销售
	102 体育用品设备出租	体育用品设备出租
	103 体育用品及相关产品贸易代理	体育用品及相关产品贸易代理
11 体育场地设施建设	111 体育场馆建筑和装饰装修	体育场馆及设施建筑、体育场馆装饰装修
	112 体育场地设施工程施工和安装	足球场地设施工程施工、冰雪场地设施工程施工、其他体育场地设施工程施工、体育场地设施安装

（资料数据来源：国家统计局）

三、体育产业发展概况

（一）国外体育产业发展概况

在人类历史长河中体育产业的存在已有百年历史，特别是进入 21 世纪后，世界各国经济不断增长，体育产业已经成为许多发达国家的国民经济支柱产业之一。全世界体育产业的总产值不断提升，在千禧之年就已经达到 4 千亿美元，每年增长速度达到 20% 左右。

续表

1. 欧洲国家体育产业发展概况

欧洲是现代文明的发源地，从历史渊源看，英国是现代体育和体育产业的发源地。在现代体育中可以作为产业来经营的绝大部分运动项目，基本上都源于英国人创立并竭力推崇的"户外运动"。这些户外运动项目在欧洲各国间不断流传盛行，并伴随着欧洲大陆对海外的殖民地扩张中得到推广传播，欧洲逐渐成为世界重要体育组织的核心领军者，使得欧洲站在了世界性的体育组织金字塔的顶端，促成欧洲体育产业一体化发展。

1750年世界上最早的一个"乔治俱乐部"诞生于英国。作为一个普通的赛马俱乐部，开创了现代体育俱乐部的法人治理结构和与之相配套的规章制度和运行机制，之后"乔治俱乐部"模式很快在欧洲大陆流行。体育俱乐部职业化经营也在欧洲国家不断得到发展，足球成为这一时期欧洲大部分国家共同走向职业化的项目。欧洲职业体育赛事是欧洲各国的经济支柱产业，其中职业足球联赛是最具代表性的欧洲职业体育赛事，欧洲足球锦标赛已成为在世界杯足球赛之后最具影响力的赛事。

根据德勤公司（Deloitte）发布的数据，2014年欧洲足球市场价值为19 900万欧元，市场份额占全球足球产业的54%。2014年欧洲足球联赛共收入208亿欧元，2015年增加到221亿欧元。其中英超、德甲、意甲、西甲和法甲五大联赛收入合计113亿。如图8-1-2所示，2014年欧洲五大职业联赛的收入分别为：英超39亿欧元、德甲23亿欧元、西甲19亿欧元、意甲17亿欧元、法甲15亿欧元。欧洲五大联赛的经济增长效应处在世界足球产业中的领先地位。欧洲"足球经济"促进了体育产业的发展。"互联网+大数据"在现代传媒业的时代，充分发挥其规模大、速度快、多样性、价值性、融合性的特点，二者深度融合，全面促进足球相关产业发展，欧洲足球成为世界关注的热点。

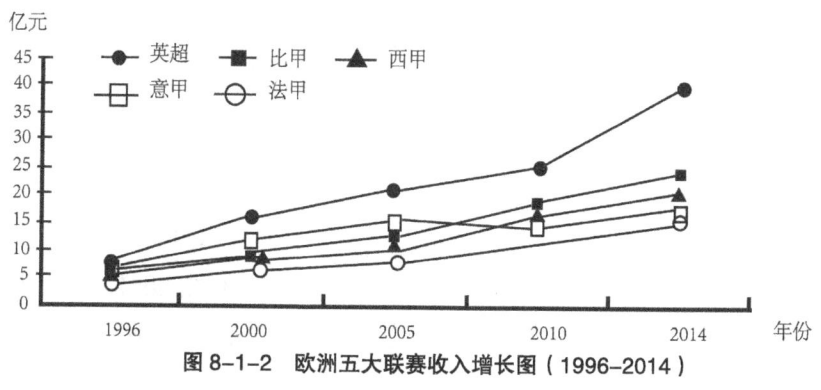

图8-1-2 欧洲五大联赛收入增长图（1996-2014）

2. 日本体育产业发展概况

1964年第18届夏季奥林匹克运动会在日本东京举行，这是奥运会第一次来到亚洲，自东京奥运会后，随着日本经济飞速发展、居民生活消费水平不断提升，体育产业已成为日本国民经济十大支柱产业之一，是日本第三产业的主要力量。2003年，日本体育产业产值达到9万6371亿日元（约533亿5 000万美元），2008年体育产业产值比2003年增长36.12%，年均增长率为7.2%，潜力强劲。

日本体育产业主要包括体育用品业、体育广告业、体育培训业、健身娱乐业、体育建筑业、场馆出租业以及职业体育业，如图8-1-3所示。

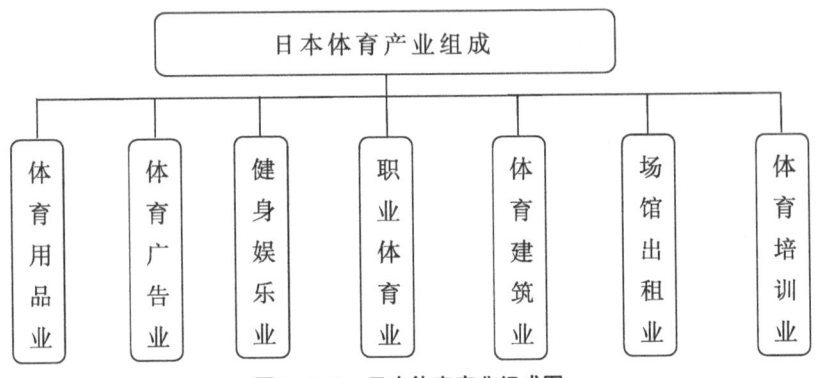

图8-1-3 日本体育产业组成图

日本政府非常重视体育产业的发展，为了促进体育产业的发展，在体育政策、体育产业税收，以及体育产业科研方面给予大力扶持（表8-1-3）。

表8-1-3 2012年日本体育产业总产值（GDSP）统计结果

分类	产值/亿美元	占比/%	包含项
体育用品零售	151.08	14.6	体育用品专卖店、销售体育用品的百货公司、销售体育用品的超市
体育赛事	25.77	2.5	棒球、相扑、足球、篮球等各单项体育赛事及其他体育赛事
体育场馆	191.66	18.5	高尔夫球场、橄榄球场、健身房、体育培训、网球场、滑雪场、公共体育场馆及设施等
体育用品租赁	2.45	0.2	体育用品租赁
体育旅游	67.24	6.5	体育休闲旅行
体育教育培训	142.13	13.7	中小学生的体育培训、大学生的体育培训

分类	产值/亿美元	占比/%	包含项
体育赛事转播	37.84	3.7	转播体育赛事的体育媒体
体育图书与体育类杂志	11.39	1.1	体育类与保健类图书、体育类杂志
电子竞技与体育影视	2.61	0.3	体育相关的电子游戏软件、体育相关的电影、电视剧
体育保险与体育彩票	8.82	0.9	体育保险、体育彩票
国营体育竞猜	392.97	38	赛马、赛车、赛艇
合计	1033.96	100	

在日本有许多世界著名体育用品企业，随着出口规模不断增加，日本各体育用品企业纷纷在海外设立子公司，将目光瞄准到居民收益日益增长和健康意识在逐渐提高的东南亚市场。加强各子公司的功能，从原先通过当地代理店进行销售转为直销，并加紧在当地的购物中心等开设店铺，利用海外各地资源，在本国设计、研发产品，在海外工厂进行加工生产，然后在全球市场经销出售，并且仍在不断开拓新市场份额。

在全球各国中，日本女性人均预期寿命排名第二、日本男性人均预期寿命排名第三，日本人均国民寿命在世界各国名列前茅。体育健身娱乐业作为日本体育产业发展的主要目标，提高了日本国民的身体健康水平。体育健身娱乐业发展的同时，拉动了体育场地及设施的经营、使用并刺激了体育用品类的消费。

体育教育培训业的服务对象主要面向于中小学和大学生，日本总务省统计局的有关调查显示（表8-1-4），在2002-2013年间，日本居民的家庭平均体育消费排名位居前三名的分别是：体育用品类消费、体育场地及设施使用费及体育培训费。

表 8-1-4　日本居民的家庭年平均体育消费数额　单位：美元

消费项目	体育用品类消费/美元	体育场地及设施使用费/美元	体育培训费/美元	体育观赛费/美元	家庭年平均体育消费总额/美元	家庭年平均消费总额/美元	体育消费占比/%
2002年	137	109	69	5	320	29 342	1.09
2003年	122	112	71	4	309	28 970	1.06
2004年	127	114	74	4	319	29 115	1.09

续表

消费项目	体育用品类消费/美元	体育场地及设施使用费/美元	体育培训费/美元	体育观赛费/美元	家庭年平均体育消费总额/美元	家庭年平均消费总额/美元	体育消费占比/%
2005年	132	122	72	5	331	28 979	1.14
2006年	119	121	71	5	316	28 064	1.12
2007年	119	125	71	6	321	28 436	1.12
2008年	123	147	70	6	346	28 417	1.21
2009年	130	134	73	6	343	27 593	1.24
2010年	109	112	76	5	302	27 439	1.1
2011年	116	122	77	6	321	26 886	1.19
2012年	116	124	76	6	322	26 931	1.2
2013年	117	142	79	6	344	27 357	1.25

职业体育和体育竞猜是日本体育产业的重要支柱之一。其中包含棒球、相扑、足球、篮球等。各单项体育赛事及其他体育赛事的不断发展，促进了日本职业体育的迅速发展。赛马、赛车、赛艇等国营体育竞猜在日本体育产业所占比重较大，日本职业体育和竞赛表演业的快速发展，刺激了体育广告、体育赞助、体育彩票等产业的产值提升。

3. 美国体育产业发展概况

美国体育产业起步较早，在19世纪初期进入初步发展阶段，许多运动项目陆续在贵族生活中进行开展，在赛马俱乐部商业化的运作模式下，开创了体育产业化的先河，为后续体育产业的稳步发展奠定了坚实的基础。接踵而来体育赛事的举办，大量体育赛事的涌入，使得经济效益稳步增长。在19世纪中后期，许多体育运动项目接连成立运动协会，1869年，美国出现了完全职业化的棒球俱乐部，1871年成立了全美棒球协会，1880年草地网球协会成立，1894年高尔夫球协会成立，1895年保龄球协会成立。随后在1890年，第一部反垄断法《谢尔曼法》颁布，美国职业体育一直受其调整，政府开始关注与保护体育产业的发展，在工业化的快速发展和城市化的大力建设过程中，为体育产业的稳步发展形成了良好的基础。

美国职业体育起步早，1869年，美国出现了第一个职业运动队——辛辛那提红长袜队（现波士顿红袜队）。1876年，波士顿和一支新的辛辛那提球队成为

续表

新成立的国家联盟的创始球队。在 19 世纪初期美国职业体育进入快速发展阶段，1903 年由国家联盟和美国联盟共同成立美国职棒大联盟（Major League Baseball，MLB）；1917 年在魁北克蒙特利尔成立美国职业冰球联盟（National Hockey League，NHL）；1920 年美国职业橄榄球协会（American Professional Football Association，APFA）成立，国家橄榄球联合会（National Football Conference，NFC），1923 年更名为国家橄榄球联盟（NFL）；1946 年 6 月 6 日在纽约成立，美国男子职业篮球联赛（National Basketball Association，NBA）。美国职业体育联盟的成立，极大促进了体育产业的飞速发展，是目前世界上运作较为成功的商业赛事。到 21 世纪初，美国大约已有 20 个运动项目进入市场，走上了职业化、半职业化的道路。2009 年 6 月，美国出版的著名体育经济杂志《SPORTS PRO》，其中对全球体育领域内各种赛事经济价值 200 强进行了排名。调查结果显示，NFI、MLB、NBA 位列前三，2010 年 NFL 联盟收入继续上升到 78 亿美元、MLB 收入达到 68 亿美元，2009–2010 赛季 NBA 联盟收入达到 40 亿美元、NHL 收入达到 30 亿美元。

1984 年第 23 届奥运会在美国洛杉矶举行，这是加利福尼亚州（简称：加州）的洛杉矶第二次承办奥运会，由于 1978 年 11 月，加州通过一项法律，即不能动用公共财政举办奥运会，在没有政府提供资金援助下，国际奥委会破例允许将洛杉矶奥运会交给私人以工商企业的方式筹办。时任筹委会主席的彼得·尤伯罗斯，在无政府补助的情况下，通过门票、电视转播（美国广播公司（ABC）以 2.25 亿美元的价格买下了电视转播权）、广告、企业赞助、利用大学生、招募无薪志愿者等方式增加收入，降低成本，使得奥运会最终盈利 2.5 亿美元。1980 年，美国开启了国家健康战略计划，间接刺激了健康消费，促进了健康相关产业发展。1988 年体育产业在美国各产业排名第 22 位，1995 年体育产业成为第 11 大产业，1999 年升到第 6 位。体育产业已成为美国经济的支柱产业之一。

自进入 21 世纪后，美国通过调整产业结构，大力发展第三产业。体育产业依托于健康产业、户外运动、休闲产业、体育赛事、体育用品制造等实现了快速发展，体育产业通过与其他产业不断深入融合，实现了整体结构升级（图 8-1-4），美国逐渐成为世界体育产业强国。

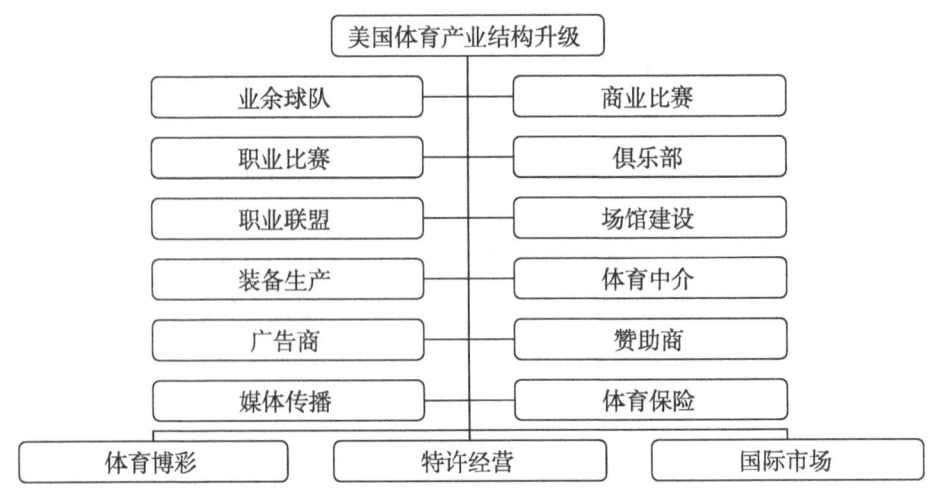

```
                    美国体育产业结构升级
        ┌──────────────────┴──────────────────┐
    业余球队                              商业比赛
    职业比赛                              俱乐部
    职业联盟                              场馆建设
    装备生产                              体育中介
    广告商                                赞助商
    媒体传播                              体育保险
    体育博彩          特许经营            国际市场
```

图 8-1-4 美国体育产业结构升级

2000 年美国体育产业总产值从 2 135 亿美元升至 2010 年 4 140 亿美元，平均年增长率达 9.4%，2010 年体育产业总产值占 GDP 的 3%，位列美国十大支柱产业第 6 位，2011 年美国体育产业总值为 4 220 亿美元，2012 年美国体育产业增加总值达到 4 350 亿美元，占 GDP 的 2.7%，2015 年美国体育产业年产值为 4 984 亿美元，占 GDP 的 3.3%（图 8-1-5），美国体育产业在全球地位雄厚，在全世界具有广泛影响力。

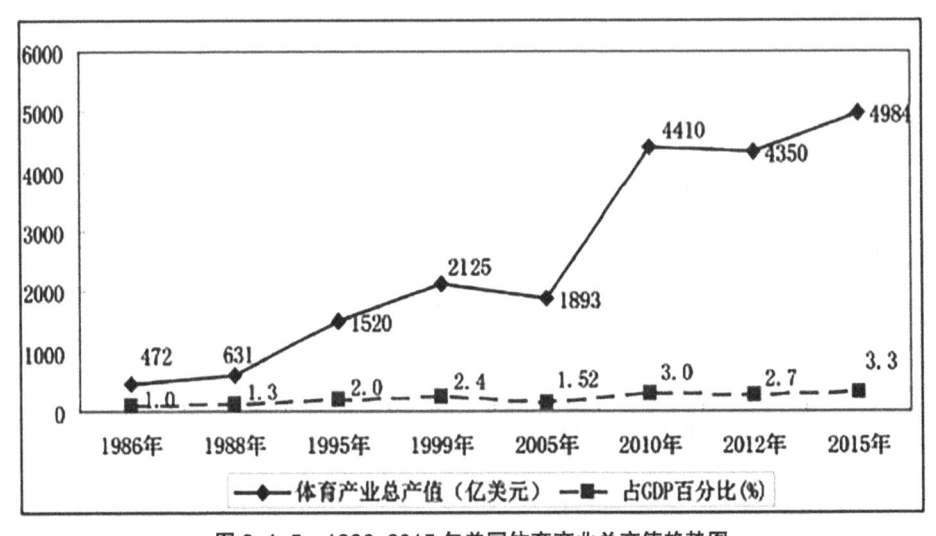

年份	体育产业总产值（亿美元）	占GDP百分比(%)
1986年	472	1.0
1988年	631	1.3
1995年	1520	2.0
1999年	2125	2.4
2005年	1893	1.52
2010年	4410	3.0
2012年	4350	2.7
2015年	4984	3.3

图 8-1-5 1986—2015 年美国体育产业总产值趋势图

(二)我国体育产业发展概况

中国体育事业自中华人民共和国成立以来,从前期的百废待兴到社会主义的初级探索再到后来的缓慢增长,历经了近三十年的跌宕起伏。自改革开放以来,我国的体育事业不断发展,社会经济稳步增长,体育产业从无到有逐渐兴起。1978年十一届三中全会后,我国体育产业发展大体上经历了以下四个阶段。

1. 探索阶段(1978—1991年)

在党的十一届三中全会上,邓小平同志指示把工作重心转移到经济建设上,以经济建设为中心作为社会主义现代化建设的根本任务。1978年到20世纪90年代初期,我国正处于从计划经济到社会主义市场经济的过渡的重要时刻。在体育强国的目标下,我国体育事业实行举国体制,并在竞技体育上成绩显著,1984年党中央发出了《关于进一步发展体育运动的通知》(中发〔1984〕20号),提出了加快我国体育事业发展。1985年国务院颁布《国民生产总值和第三产业产值的计算方案》,将体育、科技、教育、文化、卫生等纳入第三产业。1986年原国家体委发布《关于体育体制改革的决定》,体育事业开始趋向于产业化,但这一时期,体育产业地位并不显著,尚处于依附相关体育事业发展政策文件衍生探索阶段,没有实质性的增长发展。

2. 起步阶段(1992—1997年)

1992年邓小平同志南行发表重要谈话,同年10月党的十四大召开,明确"建设社会主义市场经济体制"是经济体制改革的重要目标。当时国家体委积极响应国家号召,体育事业也开启了与市场经济体制相适应的管理体制和运营体制改革。1992年6月中共中央、国务院颁布《关于加快发展第三产业的决定》,重点是与经济发展和人民生活关系密切的行业包括文化卫生事业,但并未提及体育。同年原国家体委在广州召开了"中山会议",深化研究体育体制改革。1993年国务院下批了国家计委《我国第三产业发展规划基本思路》,提出将"体育事业单位推向市场,提高其社会化程度。对体育设施等通过深化改革、开放经营,向社会提供更多适应群众需求的有偿服务",明确提出"有条件的竞技体育应逐步向实体化、职业化、商品化过渡"。1995年国家体委下发《体育产业发展纲要1995—2010》,明确指出体育产业的指导思想、发展目标、基本措施等,提出体育主体产业、相关产业,以及体育事业发展的其他产业。1996年,《国民经济和社会发展"九五"计划和2010年远景目标纲要》中提出,"体育要走社会化、产业化发展的道路"。在这一系列会议的开展与政策的出台的指引下,对于体育产业的性质及发展方向有了初步的了解,体育产业与体育事业的发展有清晰定位,同时也为体育产业的初步发展奠定了坚实的基础。

3. 发展阶段(1998—2008年)

1998年5月,国家体委改组为国家体育总局,体育经济司下设体育产业处承担相关职责。同年7月,国家发展计划委员会发布《关于发展第三产业扩大就业的指导意见》,提出加强社会化体育健身服务网络及设施建设,开发体育竞赛和健身服务项目,培育体育企业等,预计文化、体育产业年均增长15%左右,每年增加就业约20万人。2001年北京申奥成功,北京成为2008年第29届奥运会主办城市,我国体育产业的发展迎新机遇。在奥运会的筹备过程中,体育市场机制逐渐完善、体育消费水平逐步提升,体育产业的发展成为相关政府部门的关注焦点,国家体育总局深入体育产业工作的管理,体育产业的发展规模日益壮大,自2001年起,体育产业在奥运争光计划的推进下,实现蓬勃发展。2006年《体育产业"十一五"规划》明确我国体育产业发展的指导原则和目标,提出了要进一步完善体育产业政策,加强对体育产业的指导与服务。体育产业稳步发展,成绩斐然,2006–2008年全国体育产业增加值分别达到982.89亿元、1 265.23亿元和1 554.97亿元。

4. 腾飞阶段(2009年至今)

体育产业在国民经济发展的发展中价值显著,2010年《关于加快发展体育产业的指导意见》提出加快体育产业的发展,促进我国由体育大国向体育强国的转变。2011年国家体育总局印发了《体育产业"十二五"规划》,提出"十二五"时期是推动体育强国建设、促进体育产业快速成长的重要阶段。党的十八大以来,国家层面促进体育产业的文件政策频繁出台,2014年《国务院关于加快发展体育产业促进体育消费的若干意见》(46号),2016年《国务院办公厅关于加快发展健身休闲产业的指导意见》(77号),2018年《国务院办公厅关于加快发展体育竞赛表演产业的指导意见》(121号),2016年6月国家体育总局印发了《体育产业发展"十三五"规划》的通知,在各项政策的带动下,我国体育市场主体不断增加,体育健身和体育消费潜力加快释放,体育产业规模迈上新台阶。随着国内经济环境稳步快速发展,体育产业受到了高度的重视,在规模和质量上都得到了较大的提升,主要体现在体育产业法人单位和从业人员的数值的增加。从2020年1月国家统计局公布的最新数据来看,2018年末,体育产业法人单位23.8万个,从业人员443.9万人,占全部二三产业比重分别为1.1%和1.2%。体育产法人单位资产总计突破3万亿元，达到31 498.2亿元，占全部二、三产业比重为0.3%。体育产业企业法人单位营业收入23 460.4亿元，占全部二、三产业企业比重为0.8%。体育行政事业及民间非营利组织法人单位支出（费用）合计2 002.3亿元，占全部二、三产业行政事业及民间非营利组织比重为0.9%。

体育产业正在飞速发展，其产值也在逐年增加，从2014年到2018年近五年我国体育产业的产值越来越可观。2014年我国体育产业总产出为1.357万亿元，占同期国内生产总值比重的0.64%；2015年我国体育产业总产出为1.7万亿元，占国内生产总值的0.7%；2016年我国体育产业总产出为1.9万亿元，占国内生产总值的0.8%。在2017年，我国体育产业总规模达到2.2万亿元人民币，增加值为7 811亿元人民币，总产出比2016年增长15.7%，增加值增长了20.6%。2018年国内生产总值为919 281亿元，第三产业总值为489 701亿元，全国体育产业总规模（总产出）为26 579亿元，增加值为10 078亿元，体育产业增加值占国内生产总值的比重达到1.1%（表8-1-5）。

表 8-1-5　2018 年国内生产总值数据

	现价总量\亿元	构成\%
国内生产总值	919 281	100
第三产业	489 701	53.27
体育产业	26 579	0.03

第二节　体育产业管理的概述

一、体育产业管理的定义

体育产业管理定义，是"以体育产业部门经营行为合理化为目的，为实现经营目标所从事的各种管理工作的总称"。

体育产业管理的内涵具有多层次性。它既包括对我国体育产业结构的调整与优化，体育市场的培育与发展，体育产业政策的制定与实施，也包括有关体育产业法规的制定，对各类体育产业部门进行协调和监督的宏观管理，还包括体育产业部门内部经营活动的微观管理。

二、体育产业管理的内容

体育产业分类体系多样,除主体产业外,还包含其他相关产业和协助型产业。根据不同的标准、领域、受众人群等,体育产业管理的内容划分有所不同,主要包括以下几个内容。

(一)体育竞赛表演活动的管理

体育竞赛表演是各类体育竞赛组织者,为满足观众和消费者对竞技体育观赏需求,向社会提供需要的体育赛事产品,包含享誉世界的知名国际赛事有奥运会、世锦赛等,还包括影响力较大,区域覆盖面较广的大奖赛、邀请赛、联赛等,还有群众参与度较高的单项运动会、健身运动赛事等。体育赛事项目繁多、种类齐全、人群分层,那么对于如何提高体育赛事品质,打造体育竞赛表演品牌,培养相关优质体育赛事企业,关键在于对体育竞赛表演的管理。

1.体育竞赛表演政策制定

自2014年颁布了《关于推进体育赛事审批制度改革的若干意见》后,出台了近17项与体育竞赛表演相关的政策和规划(表8-2-1)。可见我国体育竞赛表演政策增长数量大、速度快,种类多。因此,在制定新政策之前要进行合理有效分析,并结合当前环境及所处的境地,整合有效资源,考虑时效性,并制定高质量、科学化的政策。

表8-2-1 2014-2019年体育竞赛表演政策表

序号	标题	发文单位	时间
1	全国性单项体育协会竞技体育重要赛事名录	国家体育总局	2014/12/24
2	在华举办国际体育赛事审批事项改革方案	国家体育总局	2014/12/24
3	关于切实做好当前大型体育赛事和群众体育活动安全管理工作的通知	国家体育总局	2015/1/5
4	关于进一步清理规范赛事收费通知	国家体育总局	2015/3/31
5	关于改进体育比赛广播电视报道和转播工作的通知	广电总局	2015/12/24
6	国家体育产业统计分类	国家统计局	2015/9/28
7	体育产业发展"十三五"规划	国家体育总局	2016/6/27
8	关于丰富节假日大型体育赛事活动的通知		2016/10/11

序号	标题	发文单位	时间
9	冰雪运动发展规划	国家发改委、国家体育总局、教育部、国家旅游局	2016/11/25
10	水上运动产业发展规划	国家发改委、国家体育总局、工业和信息化部、财政部、国土资源部、住房和城乡建设部、交通运输部、水利部、国家旅游局	2016/11/25
11	航空运动产业发展规划	国家发改委、国家体育总局、工业和信息化部、财政部、国土资源部、住房和城乡建设部、国家旅游局、中国民用航空局、交通运输部	2016/11/25
12	关于大力发展体育旅游的指导意见	国家旅游局、国家体育总局	2016/12/22
13	关于进一步加强武术赛事活动监督管理的意见	国家体育总局	2017/8/24
14	关于进一步加强马拉松赛事监督管理的意见	国家体育总局	2017/10/25
15	自行车运动产业发展规划	国家体育总局、国家发改委、科技部、工业和信息化部、公安部、财政部、国土资源部、住房和城乡建设部、交通运输部、国家卫生健康委员会、国家旅游局	2017/12/12
16	击剑运动产业发展规划	国家体育总局、教育部、科技部、工业和信息化部、财政部、国土资源部、住房和城乡建设部、旅游局	2017/12/12
17	马拉松运动产业发展规划	国家体育总局、国家发改委、科技部、工业和信息化部、公安部、财政部、国土资源部、住房和城乡建设部、交通运输部、国家卫生健康委员会、旅游局	2018/1/12

续表

2. 体育竞赛表演的监督管理

体育竞赛表演市场所负责的监督管理部门不仅仅是其体育内部直属的职能部门，还需要与市场监管部门结合共同监督管理，并增设群众监督机制，实现公开透明的监管模式。如果体育竞赛表演市场自身所产生的问题难以得到解决与完善，在身兼多职的情况下，不明确主体职能范围，那么存在的问题就无法得以根治。在财政收入方面的税收问题上，应增加与相应机关的协调合作，结合国情与实际需要对负担较重的运动员的个税进行合理调整，完善政策，协调区域不平衡现象。对于融资方面，可以加大政策力度，推进市场化运营，各地区可建立相应体育竞赛表演扶持项目基金，推动体育竞赛表演市场的发展。

3. 加强法律法规建设，完善体育竞赛表演市场管理

当前，体育竞赛表演市场呈现出一派欣欣向荣的景象，加强法律法规建设，规范体育竞赛表演市场的条例，对于体育竞赛表演的发展的起步有着积极促进作用，有利于体育竞赛表演市场可持续发展。但是，在管理规范的同时却不能发展成为"一放就乱，一管就死"的现象。

（二）体育健身休闲活动的管理

体育健身休闲业作为一项产业，其发展势头迅猛。当前国民消费水平日益增长，生活水平质量逐年提高。在物质满足、精神饱满的基础上，越来越多的人开始关注自身健康水平的发展，并积极参与各项休闲娱乐活动。体育健身休闲活动包括：运动休闲活动、群众体育活动、民族民间体育活动、其他群众体育活动等。

1. 体育健身休闲活动目前存在的问题

①休闲运动项目种类繁多，目前健身娱乐市场上的锻炼设施基本可以满足经营上的需求，但对于部分因季节气候成本较高的运动项目的设施配备不够齐全。

②全民健身计划纲要的提出，促进了各地区群众体育事业的发展，群众积极参与各类全民健身赛事，社区乡镇完善相应设施，但在实践过程中专业社会指导人员上的配比不足，不能满足民众锻炼的需要。

③民族民间体育活动是我国各少数民族独有的体育文化特产，许多项目不仅能强身健体而且具有较强的观赏性，但其发展并不均衡，究其原因在于，许多项目与潮流运动项目冲突较大，对于青年团体吸引力度不大，其次是受商业化思维的影响，对于商业开发价值不高的项目并不受重视。

2. 体育健身休闲活动的管理

①强化对各运动项目协会组织的管理；

②加强对场地器材设施的管理；

③加强培养全面专门的社会健身指导从业者；

④强化相关健身休闲娱乐法规条例建设；

⑤积极开发建设新型多样的健身休闲娱乐市场。

（三）体育场地和设施建设管理

1. 合理规划赛事兴建场馆的利用与赛后管理

前期布局与规划体育场地建设时，需要科学设计、合理安排，不仅要符合事实准备需要，还需考虑赛后的场馆管理与后续运营模式，充分提高场地使用率，避免一次性买卖，而是保持长久循环利用。

2. 更新体育场地管理理念和运营模式

在体育场地管理和运营方面，要更新传统经营观念，多角度、全方位，注入新兴理念，提高格局意识，并结合场地，项目自身特色及周边环境，拓宽经营范围，使体育场地设施能够成为新时代多功能的体育休闲娱乐场所。

3. 加强社区体育设施及体育公园管理

社区体育设施与体育公园场地等，是国家为服务民众锻炼需要所建设的公共健身娱乐场所。在日常维护与管理过程中，定期查看设施情况，及时更换老旧危险设备，并定期安排社会体育指导员进入社区宣讲健身常识与器材使用方法，规范锻炼动作。

4. 强化体育场地及设施管理的政策、法规与条例

定期修改完善体育场与设施管理相关政策和法规、规范管理办法与意见，加强业务执行力度，确保管理工作能够稳步实施。

（四）体育经纪人的管理

从体育产业的"十三五"规划紧锣密鼓地制定，以 2016 年 3 月 23 日博鳌亚洲论坛体育分论坛的召开等种种迹象表明，2016—2025 年将是我国体育产业发展的黄金十年。我国目前大概有 3 万多名职业运动员，未来十年需要 7 000 名体育经纪人。

1. 适当开放市场资源，促进体育管理体制市场化

从体育事业发展开始以来，我国体育制度一直实行的是"举国体制"，国家体育局、各地方体育管理部门对于运动员拥有绝对的管理权，体育经纪人缺乏操作空间，在一定条件下，限制了体育产业市场化的有效发展，相比而言，欧美国

家适当的体育管理制度,为体育经纪人和体育经纪公司提供了可操作范围,从而促进了体育经济产业的飞速发展。

2. 健全体育经纪人市场体系

目前,我国针对体育经纪人的相关法规条例只有1995年的《经纪人管理办法》,除此之外并没有其他的文件政策。法规政策的滞后直接造成体育经纪人体系的落后与制度的混乱,因此,必须建立完善健全的法律法规政策,从法律层面与制度方面,促进体育经纪人的建设与发展,对其法律提供指导与保护。

3. 大力培育体育经纪人专业素质、提高业务能力

体育经纪人在体育产业的发展的大范围内只占很小份额,其根本原因是我国缺乏完善规范的培养体系,导致国内体育经纪人整体专业素质不高,业务能力较弱。因此,应该结合当前发展需要,健全专门培养体系,打造知名体育公司,提高社会参与度。

案例分析:从李娜团队的成功经验谈我国体育经纪人发展建议

李娜作为两次大满贯的冠军得主,不仅在网球事业上有所突破,而且成为运动员商业开发最具代表性和典型性的例子之一。2008年之前,李娜的收入来源主要源自于比赛的奖金,扣除掉税率以及上交给中国网协的钱之后所剩无几。北京奥运会之后李娜单飞,李娜自主选择训练方式、经纪公司和商业活动,于2009年与全球体育和娱乐业营销巨头国际管理集团IMG成功牵手达成合作伙伴,IMG高级副总裁麦克斯·埃森巴德作为李娜的经纪人。签约麦克斯之后,李娜有更多的时间和精力专注于自己的比赛和训练。

从2009年签约到2011年澳网之前,李娜手中仅仅只有球衣装备与球拍这两大赞助,作为经纪人的麦克斯为李娜谨慎选择品牌引入,帮助李娜先后签约了劳力士、哈根达斯、奔驰、寿康人寿、耐克、VISA等十多个国际大品牌,李娜评价说:"我从来不担心赞助这些与比赛无关的事情,我有最好的经纪人,所有的事情都由他来联系和决定,我只需要专注于训练与比赛。"李娜全身心的投入比赛取得的优异成绩,为麦克斯开发其商业价值提供保证。而根据《福布斯》杂志统计,数据显示李娜这些年的赞助收入超过5 800万美元。这也意味着在长达15年的职业生涯中,这位中国金花累计收入超过4.5亿元。2016年的3月31日福布斯公布的最新一期的退役运动员收入榜,亚洲网球一姐李娜凭借1 400万美元的年收入成功上榜,并且成为目前收入最高的退役女运动员。由此可见,李娜经纪人的成功运作不仅充分挖掘了李娜职业生涯的商业价值,为李娜在职业生涯取得好的成绩清除障碍,使李娜能够更好地专注于比赛,也为李娜退役后的道路做好

了铺垫。除了搞定赞助之外，作为经纪人的麦克斯还注重对李娜的形象塑造和包装。李娜身后的团队在公关培训方面也取得了一定的成就，使李娜对媒体的态度由抗拒转为幽默得体。获得这样的成功，李娜个人能力是一方面，她的经纪人也在其中发挥了不可替代的重要作用。

（五）体育彩票业的管理

1984年10月"第四届北京马拉松奖券"是我国最早发行的体育彩票，1994年由国务院批准国家体委在全国范围内统一发行、印制、管理体育彩票，同年4月5日国家体委成立体育彩票管理中心，7月签署了国家体委《第20号令》，标志着我国体育彩票事业开始进入法制化、规范化的管理轨道。2000年3月，国家财政部下发《关于认真做好彩票发行和管理工作通知》，4月1日起，彩票一律以人民币现金形式兑付。

目前，国家体育总局下设立的国家体育彩票管理中心，属于国家的政府行政机构，是政府机构直接运营，其属于监督权和管理权高度统一类。为避免职能重合的行为，应该在财政部下设立一个监管机构，并对彩票的发行、销售、开奖、兑奖四个过程进行有效监督管理，将经营权和监管权分开管理。彩票作为一种商品，要吸引买卖人群的消费心理，目前，我国体育彩票产品比较单一、发行成本较高，因此可以参考发达国家体育彩票模式，引进竞争性的彩票营销模式，真正使我国彩票业市场化，将体育彩票市场做大做强，且不能忽视对于体育彩票市场的规范运营，同时还要加大宣传力度。

（六）体育用品及相关产品制造业的管理

根据《中国体育产业发展报告》（2014）和中国体育用品联合会统计显示，2014年中国体育产业总产值约为3 500亿元，超过50%依赖于体育用品业。其中，体育用品业出口总额首次突破200亿美元大关，达200.85亿美元，占全世界总量的60%左右。中国已成为全球名副其实的体育用品"制造大国"。然而，众所周知，我国体育用品制造业多年来的快发展与高增长都是以高消耗、高投入为代价，现代化水平较低，缺乏国际竞争力和抗风险能力。随着环境和资源不堪重负、产能过剩与竞争过度等问题的集中爆发，政府及社会各界已充分认识到国内体育用品制造业的发展必须摒弃传统的发展模式，加快转变经济增长方式，推动产业结构优化升级，寻求新的发力点，从劳动密集型到低端加工再到中、高端输出，以体育用品制造业的产业升级来推动中国体育产业及其社会整体经济的持续稳定发展。

纵观近年来我国体育产业的发展，在体育用品制造业上中国是出口大国，但缺乏核心技术，缺少创新技术，在全球产品竞争与国内服务业发展较弱，我国东、中和西部三大地区体育用品制造业的发展水平较低。

①政府要加快完善各项政策并加大扶持力度，为体育用品制造业和服务业建立良心竞争的市场环境。

②发展生产者服务业，进一步延长体育用品制造业增值链，实现从生产到销售的全方位服务。

③体育用品制造业应发展自身优势，整合有利资源，努力提高产品核心技术发展综合竞争力。

案例分析：对我国体育用品企业战略转型能力的评价与分析——以安踏公司为例

2009年安踏收购Fila品牌，并结合国内市场需求状况，将其定位于集时尚和运动于一身的高端 体育用品品牌。截至2015年，Fila品牌在中国大陆、香港和澳门的专卖店数量已经达到546家，品牌影响力在不断增强。另外，安踏公司为迎合儿童体育用品市场日益增长的市场需求，创立了Kids品牌，致力于为3~4岁的儿童提供最时尚、最具保护性及最舒适的产品。截至2015年底，安踏在国内已经开设1316家儿童体育用品系列专卖店，占据了儿童体育市场的有利地位。准确的市场定位，是提高市场把握能力、实现战略转型的前提。

长期以来，安踏公司都非常专注于品牌管理，积极整合各种资源，例如赞助、代言人资源、广告和宣传、履行社会责任、提供高品质产品和提升店铺形象等，不断加强安踏品牌在消费者心目中的形象和地位。同时，通过品牌创新（创立Kids、收购Fila、结盟NBA中国），完善公司的品牌组合模型，持续安踏公司的品牌形象和影响力。另外，在渠道整合方面，2012年安踏公司开始实施渠道导向策略，以提高零售商对市场的反应速度、竞争力和店铺效益。在过去三年时间里，安踏公司提出"将自己视为零售公司"的管理理念，通过建立零售导向思维系统、业绩考核系统、零售监察系统、EPR系统等，强化了对零售商的管理，提升单店绩效，增强了零售商的盈利能力。优秀的资源整合能力，尤其是品牌和渠道的整合能力，在转型过程中发挥至关重要作用。

在实施以零售渠道导向战略转型以来，安踏公司重视与零售商之间的沟通和互动。通过采用扁平化的销售管理模式，持续优化和精简原有的分销架构，增强了公司对零售商的指导、培训、沟通和互动。同时，通过实施零售监察系统（包括实施EPR、每周报告、常规性检查等），密切监测零售商的表现，并提出针对性改进措施帮助零售商提升绩效。实施扁平化管理，为推进转型提供有力的组织管控保障。

企业的战略转型，最终要通过企业的产品（或服务）向消费者传递。安踏公司历来重视新产品研发，确保每年研发经费占营业收入比重在 2.5% 左右。2014 年，安踏公司与韩国设计师、第三方研发机构等展开合作，推出具有革命性意义的呼吸网 2.0 跑鞋，提供更加优异的透气性和舒适性，获得了消费者的普遍认可。持续的创新能力，是战略转型获得成功的主导因素。

（七）体育其他服务业的管理

当前，体育产业是全球许多发达国家国民经济的支柱产业之一，是我国国民经济新的增长点。体育产业虽然在我国发展起步较晚，但发展速度快，政策扶持力度大，除了主体产业、相关产业及辅助产业外，还有许多无实体产业。相关体育管理部门应该加强宏观调控，要做到规范体育产业市场的管理，但不要事无巨细的过分干预市场经营，保持二者的平衡和谐发展，最终实现体育产业与社会经济的稳步发展。

体育产业管理除以上内容外，还包含对体育旅游业、体育康复业等产业领域的开发、经营与管理。

三、体育产业管理的特点

（一）注重市场效益、经济效益和社会效益的特点

体育产业作为市场经济下的产物，具有和其他产业相似的共性，即注重市场效益、讲究经济效益，在对体育产业管理上，应重视效益，并不断提高效益，但不能因为盲目的追求市场效益，而忽视社会效益，应时刻关注社会发展需求，对体育产业的管理进行合理的规划，避免资源浪费，保持客观冷静的态度，以此取得较好的经济效益。

（二）坚持市场机制运作为主导的特点

体育产业管理应坚持市场机制运作为主导，根据体育产业消费需要，获取市场信息，了解商品经济动态，调整经营行为，优化经营策略，建立市场化运作体系，全面、科学地推进体育产业的发展。

(三)通过法律手段提供保障的特点

体育产业在社会主义市场经济的作用下,应通过法律手段来指引发展方向、规范发展行为、实施发展措施、强化行政管理和提高产业效益。逐渐完善相关体育产业发展的政策和法规,依法保护体育产业经营者和消费者的合法权益,为体育产业管理健康、科学的可持续发展提供法制保障。

(四)利用经济方式进行科学管理的特点

优化体育产业管理,利用经济方式科学规划,目的是获得良好的经济效益。建立激励机制,坚持效率和公平的原则,采取公正科学的评价机制,打造和谐环境,树立以人为本的管理理念,提高体育产业的管理效率。

第三节 我国体育产业管理发展状况

一、我国体育产业管理发展进程

我国体育产业管理的发展,在历史时间轴上具有四个关键节点,分别在十一届三中全会、党的十四大、2001年北京申奥成功和十八届三中全会这几个时期。其发展进程主要分为以下四个阶段:政府直接管控阶段、市场化管理的探索阶段、政府与市场协同管理的发展阶段和市场化管理的快速发展阶段。

(一)政府直接管控阶段(1978—1991年)

1978年,十一届三中全会在北京举行,大会提出以经济建设为中心的主要任务,我国体育事业开始迈向新的历史发展时期。在此时期中国体育事业管理体制是"举国体制",原国家体委统筹规划,原地方体委对各地区的体育事业进行分化管理,我国体育产业在此阶段正处于萌芽探索时期,在管理机构上国家体委并没有设置体育产业管理的专门机构,只是夹杂在相关部门附带兼职管理,这些部门本身的管理权限也模糊不清,体育产业的管理和经营活动都是在原国家体委的领导指示下统一进行,体育产业并不被大众熟知。在"举国体制"的背景下,竞技体育的发展是国家体育事业发展的重要方向,体育产业的萌芽是为辅助竞技体育而发展的产业。

（二）市场化管理的探索阶段（1992—2000年）

1992年10月，在党的十四大上原国家领导人江泽民明确提出"中国经济体制的改革是建立社会主义市场经济体制"。在此时期，中国体育体制在不断深化改革，体育事业开始全方位发展、体育产业化道路逐渐明了。1993年，国家体委发布《关于培育体育市场、加速体育产业化进程的意见》中提出了"培育和发展体育市场，推进体育事业单位逐步向产业化过渡"的方向，政府开始逐渐分化体育产业管理权限，中国体育产业管理进入市场化探索发展阶段。如表8-3-1所示。

表8-3-1 我国体育产业发展事记1

序号	时间	事件
1	1992年	中国足协在北京西郊红山口召开工作会议，确定中国足球职业化方向
2	1993年	第一届体育用品博览会在西安举行
3	1994年	国家体委设立产业办公室作为体育产业管理的职能部门
4	1994年	首届中国职业足球联赛开幕，中央电视台出自1000万购买联赛电视转播权
5	1995年	首届中国职业篮球赛开幕
6	1996年	国务院正式批准发行1996-1997年度体育彩票
7	1998年	中体产业集团股份有限公司在上海证券交易所挂牌上市
8	1999年	曼联上海行，成为中国大陆首次真正意义上的商业足球比赛

（数据资料来源：中国体育产业发展20年大事记）

（三）政府与市场协同管理的发展阶段（2001—2012年）

2001年，我国北京获得第29届奥运会举办权，筹办好奥运会对我国体育事业的发展具有重要意义，中国体育产业也迎来了重大发展机遇。同年，中国结束了长达十五年的沟通谈判正式加入世界贸易组织，标志中国的产业对外开放进入了一个新的历程。申奥成功及后续带来的奥运经济优化了我国体育产业的结构，提升了中国体育产业的竞争力。对外开放的出口贸易，加速了我国体育产业与国际接轨。政府在体育产业管理上进一步推动市场化的进程，进入了政府与市场协同管理的发展阶段（表8-3-2）。

表 8-3-2　我国体育产业发展事记 2

序号	时间	事件
1	2001 年	北京获得 2008 年奥运会举办权
2	2001 年	中国足球彩票发行
3	2002 年	网球大师赛首次落户中国
4	2003 年	皇家马德里足球队访华，高德公司单独运作，盈利数百万
5	2004 年	首届 F1 中国大奖赛在上海举行
6	2004 年	休斯敦火箭队和萨克拉门托国王队在上海和北京各进行了一场 NBA 季前赛
7	2007 年	首届全国体育旅游博览会在上海举行
8	2008 年	北京奥运会成功举办
9	2008 年	NBA 中国正式成立
10	2009 年	耐克公司 2 亿美元赞助中超联赛 10 年
11	2010 年	首次公布全国体育产业统计数据

（数据资料来源：中国体育产业发展 20 年大事记）

（四）市场化管理的快速发展阶段（2013 年至今）

2013 年，十八届三中全会在北京召开，会议研究"全面深化改革重大问题，重点在于经济体制的改革，处理好政府和市场的关系，使市场在资源配置中起决定性作用和更好地发挥政府作用"。2014 年，全国体育局长工作会议提出："处理好政府和市场的关系，既要保证基本公共体育服务和公益性体育事业发展，又要充分发挥市场机制作用，推动体育产业发展。着力解决体育市场体系不完善、政策不配套等问题。加强体育产业的宏观引导和基础性建设，努力提高体育服务水平，以服务促进产业发展，以产业发展丰富服务"。2017 年 8 月 27 日，习近平总书记在会见全国先进体育工作者时强调："体育承载国家的繁荣和振兴的梦想，要把体育发展摆在重要的议事日程上，精心规划，抓紧实施，不断开创我国体育发展的新局面，加快我国体育强国建设"。政府为推进体育强国建设，促进体育事业的发展，加快体育产业管理的改革实行了宏观调控。体育产业管理部门逐渐健全相关法规政策，明确职权范围，从微观管理上升为宏观调控，主要实行以市场调节为主的运行机制，体育产业进入市场化管理的快速发展阶段。

二、我国体育产业管理的体制

（一）体制的概念

体制的简化释义可以理解为规则、制度、规格、格局等，将"体制"一词拆分开了，"体"是身体的组织结构，扩展到社会科学方向，关联到社会的组织机构，"制"可解释为规范制度；从管理学方向，可以界定为国家政府机关，企事业单位组织的组织制定、职权范围及机构设置等。

（二）管理体制的概念

管理体制从属于体制的概念，其核心在"管理"二字上。管理体制是指管理系统的结构和组成方式，即采用怎样的组织形式，以及如何将这些组织形式结合成为一个合理的有机系统，并以怎样的手段、方法来实现管理的任务和目的。实施管理的主体是中央、地方、基层、企业、事业等部门，分别从机构设置、职权范围、利益关系及运行机制等方面，为达到管理的预期目标，并完成规定的任务而建立的规范制度。

（三）体育产业管理体制的概念

张瑞林等对体育产业管理体制进行了界定，认为"体育产业管理的机构设置、权限划分、运行机制和制度的总称，是实现体育产业发展总目标的组织保障。"体育产业、体制与管理体制，明确这三个概念后，体育产业管理体制可界定为：体育的主体产业、相关产业及相关辅助产业，其管理部门从机构设置、职权范围、利益关系及运行机制等方面，为达到管理的预期目标，并完成规定的任务而建立的规范制度，它是实现国家体育产业发展总目标的保证。

（四）中国体育产业管理体制的现状

自改革开放以来，在市场经济体制的作用下，中国体育产业管理体制正稳步向社团管理型推进，并逐渐提升市场机制在我国体育产业管理体制的地位。目前，中国体育产业管理体制包括以下两个体系，分别是政府管理系统和社会管理系统。

①政府管理系统仍处于主导地位，从形式上来说，属于"政府—社团管理综合型"的管理体制，更倾向于政府管理型体制，但主要的管理职责开始逐步由社会系统、市场来掌控，更多地向公共服务方向发展。

②随着市场经济的发展及中国政治、经济和文化等领域体制改革的推进下，社会系统在体育产业管理体制中职责、权限范围、利益关系的比重必将逐步增加。

三、我国体育产业管理发展近况

（一）体育产业管理的机构设置

我国体育产业管理的机构可分为政府管理系统和社会管理系统（图 8-3-1）。

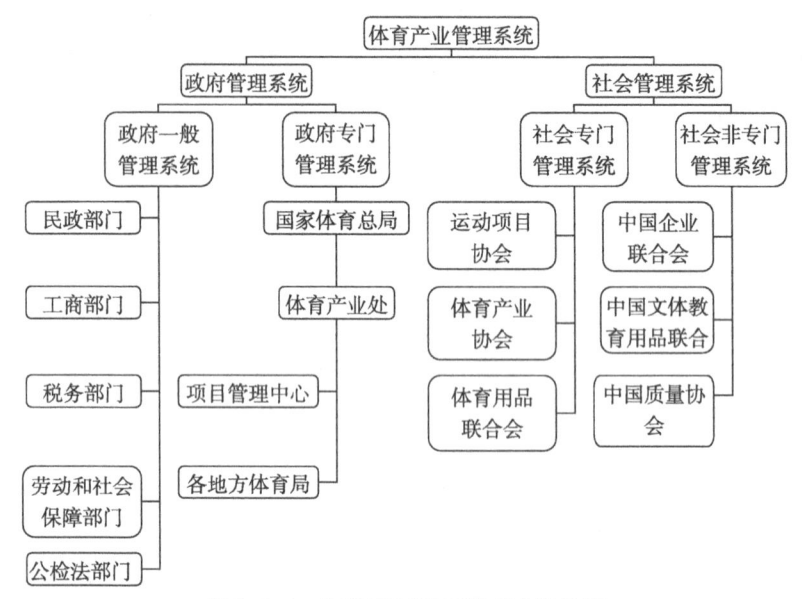

图 8-3-1　体育产业管理系统组织结构图

（二）我国体育产业管理的现状

相较于发达国家而言，我国体育产业发展较晚，体育产业的管理还有待优化，但体育产业的发展速度较快，不论从发展质量还是经济效益上来看，其增长速度日益提高。

①自中华人民共和国成立以来，我国体育事业实行"举国体制"的管理。在此背景下，政府部门权力过大，社会参与体育的积极性受到了压制，社会支持体育产业的道路被封闭。

②政府宏观调控被弱化，过分关注事物的微观管理。光凭借政府的管理，忽视体育产业自身发展与完善的市场运行机制，在受到政治、文化、经济等领域的变动，都会对其造成较大的影响。

③在市场经济体制下，体育被纳入第三产业。体育的性质和功能方面的发生改变，导致管理体制和方法的转变。

④我国进入中国特色社会主义新时代，主要矛盾已经转化为人民日益增长的

美好生活需要和不平衡不充分的发展之间的矛盾。我国现有的体育产业管理体制是极具我国特色的"政府—社团管理综合型"的管理体制。

⑤在经济全球化的背景下，仍存在许多问题，像许多奥运金牌项目，如跳水、举重、射击等，在群众体育中普及率很低，如果将它们推向市场，将面临生存的问题。而这些项目又承担着为我国夺取绝大多数金牌的重任，使得我国竞技体育能够屹立不倒，并在国际体坛上占据一席之地。因此，我国体育产业管理在体制与方法上还需进行优化管理。

（三）我国体育产业管理发展中存在的问题

1. 机构设置不完善

合理的机构设置才能达到体育产业管理的发展目标，完成其规定的任务。管理机构设置存在上繁下简的现象，虽然国家体育总局下设立了体育产业处，但部分的市、区并未设立专门的体育产业管理部门或者缺乏专业性的体育产业管理人才，使得当地体育产业管理处于边缘化状态。

2. 各主管部门职责范围存在交叉重合

体育产业范围本身比较广泛，除主体产业外还包含有相关产业。其各主管部门无论是上行单位到下行单位，还是各地平行单位，各管理系统之间，各体育项目协会之间，都存在共同的效益关系和相关联系，但彼此的发展目标、价值取向各不相同，这说明体育产业管理部门存在职权交叉重合且缺乏协调机制，而在法规政策上还需发展建设。

3. 结构发展不平衡

在"举国体制"的体育管理体制下，我国竞技体育快速发展，奥运成绩举世瞩目、名列前茅。相对而言，群众体育和体育产业的发展较竞技体育差距较大。竞技体育、群众体育和体育产业这三部分是我国体育事业发展的重要组成部分，三者相辅相成、任何一方落后都会影响其他发展。我国体育的主体产业的发展在整个体育产业产值所占比重不足，存在发展不均衡现象。

4. 产值效益有待提高

2018年国内生产总值为919 281亿元，全国体育产业总规模（总产出）为26 579亿元，体育产业占国内生产总值的比重为0.03%。1999年，美国体育产业在全国产业产值中排名第六，成为国民经济支柱性产业之一。相较于部分发达国家，我国体育产业的产值还需提高，积极促进社会主体参与投资体育产业。

四、优化我国体育产业管理的措施

（一）完善体育产业管理机构设置

体育产业管理体制机构设置应该适应社会主义市场经济的要求，做好一般管理部门和专门管理部门的协调，发挥好政府管理部门和社会管理部门的互补作用，形成完善的现代体育产业管理机构设置。

在中央层面，不断完善宏观调控手段，从政策颁布推进实施上引导体育产业发展方向。在地方层面，健全各体育产业科室管理部门，配齐专门体育产业管理人才。

（二）明确体育产业管理职权范围

体育产业管理职权要进行明确划分，设计符合发展战略、促进经济效益、分工明确、职责清晰、协同发展、共同进步，解决体育产业管理部门存在的缺位、错位、重位和越位的问题。不断提高社会体育管理部门的地位，积极发挥其作用。

（三）完善体育产业市场体系

体育产业市场系统能够综合反映各种体育产业商品经济动态和各类体育产业市场信息。因此，完善体育产业市场体系对推动体育产业的发展具有重要的作用。但目前，我国体育产业市场体系不够健全，还没有完全建立起比较完备的体育产业市场体系。因此，完善体育产业市场体系时间紧迫（图8-3-2）。在新的发展阶段，应坚持市场经济为导向，刺激体育产业消费为重点，大力发展体育产业文化、人才、信息等市场，构建一个完整的网络体系，从而提升体育产业的经济实力。

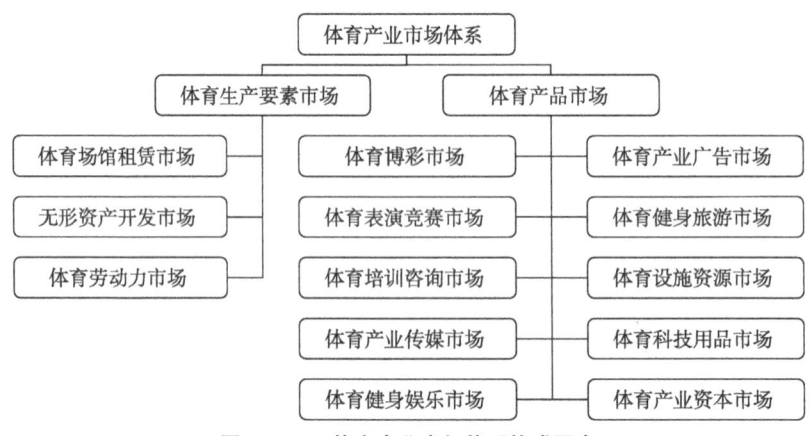

图 8-3-2 体育产业市场体系构成要素

（四）完善体育产业法规政策建设

国家体育总局《体育产业"十二五"规划》更加明确的提出"加快体育市场法制化、规范化建设"的意见。按照已出台的《体育法》《宪法》和《规划》《意见》等相关法规文件，加快完善体育产业管理法规建设，促进体育产业法制化规范化。国家政府部门，完善科学有效的体育产业政策和制度。

（五）提高体育产业管理人才专业素质

在体育产业管理的发展过程中，管理人才是制定者、执行者、协调者，具有多重身份角色，是重要资源。如若缺乏高素质的管理人才，将直接影响体育产业的发展空间。目前，我国缺乏高素质的体育产业管理人才，这将对未来我国体育产业的高速发展形成阻碍。因此，应该优化人才培养机制，在培训时间上进行合理规划，首先，在短时间内快速培养基础人才，先解决人才匮乏窘境；其次，建立长时期、高素质、综合性人才培养模式。高校要不断进行教学改革，适应体育产业发展速度，优化培养方案，培养适应体育产业管理需要的专门人才。

案例分析：足球专业人才稀缺堪比人工智能

招聘平台"BOSS直聘"11日发布的国内《体育产业人才观察》（下简称《观察》）显示，截至2018年上半年，体育产业人才需求同比增长31%，增速连续两年超30%，行业平均招聘薪酬达8 436元（人民币，下同）。其中，大众健身领域人才需求增长势头最为强劲，上半年同比增速达42.6%，篮球、游泳项目分列二、三位。足球项目商业体系和价值链条最为完善，由于市场竞争激烈，资金和技术投入门槛较高，新增企业和培训机构数量相对有限，人才需求同比增长18.1%。

《观察》显示，商业化和职业化程度高的项目人才普遍更为稀缺，足球、网球、篮球相关专业人才最为匮乏，2018年上半年人才供需比仅为0.5上下，人才稀缺程度堪比目前最火的AI、大数据行业，且有进一步加剧趋势。在此背景下，体育行业招聘薪酬水涨船高。《观察》显示，2018年上半年，体育行业平均招聘薪酬达到8 436元。市场、运营类职位因对复合技能要求高，主要职位平均薪酬较泛文体行业其他细分领域高出5%~15%。赛事运营、商务渠道、数据分析师的薪酬同比增速排名前三，增幅均超过20%。值得特别关注的是，随着大数据技术的日渐成熟和对竞技体育的全面渗透，越来越多的体育企业开始重视大数据带来的技术红利。《观察》显示，2018年体育行业对数据分析师、数据挖掘工程师的需求增幅超过50%。

但需要正视的是，中国体育产业人才结构性矛盾十分突出，2018年上半年，体育行业中，参与一线培训、运动指导等教学类人才占到了全行业的六成以上，从事专业赛事运营、明星经纪、体育营销推广、版权管理等工作的人才仅占两成。

（六）构建符合国情的体育产业管理体制

中国进入特色社会主义新时代，构建符合我国国情的体育产业管理体制，应顺应社会的发展、与时俱进。系统设计应满足社会主义市场经济的要求，适应体育强国发展战略目标的体育产业管理体制系统，该系统应该包括体育产业管理的运行基础系统、调控系统和保障系统（图8-3-3）。

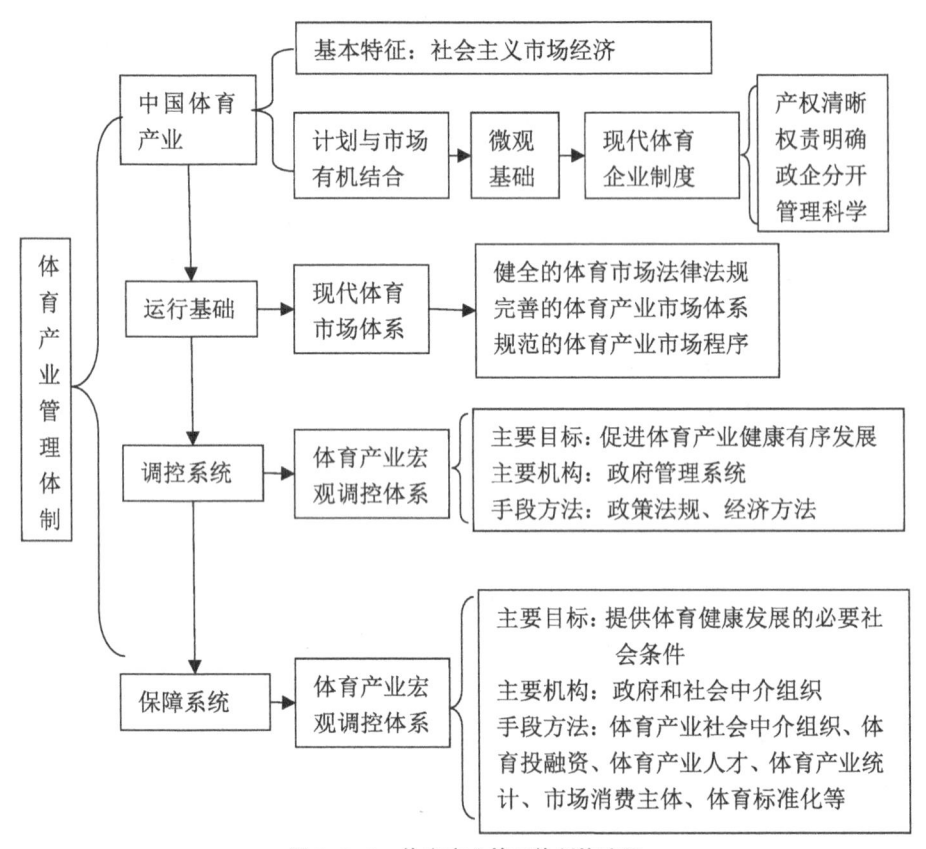

图 8-3-3 体育产业管理体制构建图

第四节 课后习题

（1）体育产业和体育产业化的区别是什么？
（2）我国体育产业有哪几类？
（3）我国体育产业与发达国家的差距在哪？
（4）当前体育产业的发展面临哪些问题？
（5）体育产业管理的特点是什么？
（6）中国体育产业管理存在哪些问题？
（7）简述我国体育产业管理体制的发展历程。
（8）我国体育产业未来的发展趋势如何？

参 考 文 献

[1] 肖林鹏.现代体育管理[M].北京：北京体育大学出版社，2009.

[2] 孙汉超，秦椿林.实用体育管理学[M].北京：人民体育出版社，2014.

[3] 孙永正.管理学[M].北京：清华大学出版社，2007.

[4] 张俊伟.极简管理：中国式管理操作系统[M].北京：机械工业出版社，2013.

[5] 丁峰.揭开创新神秘面纱[M].北京：华文出版社，2009.

[6] 杰克·贝蒂.大师的轨迹：探索德鲁克的世界[M].北京：机械工业出版社，2006.

[7] 张瑞林.体育管理学[M].3版.北京：高等教育出版社，2015.

[8] 胡爱本.体育管理学导论[M].北京：高等教育出版社，2004.

[9] 莫雷.教育心理学[M].北京：教育科学出版社，2007.

[10] 李庆臻.科学技术方法大辞典[M].北京：科学出版社，1999.

[11] 张显军，种莉莉，苏明.我国体育管理学的内容结构体系与发展趋势探讨[J].天津体育学院学报，2004（1）：80–82.

[12] 陈林祥.体育管理学学科体系建立的战略转变[J].武汉体育学院学报，2003（2）：149–151.

[13] 王立杰，许舟平.敏捷无敌[M].北京：电子工业出版社，2009.

[14] 霍婧媛，刘佳楠.现代企业管理中"人本管理思想"的应用[J].内蒙古煤炭经济，2016（Z3）：50–51.

[15] 钱学森.论宏观建筑与微观建筑[M].杭州：杭州出版社，2001.

[16] 林高标.责任原理在高职院校教师管理中的应用思考[J].南昌教育学院学报，2011，26（2）：83–84.

[17] 吴照云等.管理学[M].北京：经济管理出版社，2002.

[18] 孔昭林.使用行政管理[M].3版.北京：高等教育出版社，2013.

[19] 杜晓旭.公共体育服务视角下我国社会体育组织培育及管理研究[J].湖北体育科技，2018，37（3）：193–197.

[20] 宋亨国，周爱光. 非政府体育组织的含义、自治形态及我国社会体育组织的转型［J］. 体育学刊，2016，23（3）：16-22.

[21] 刘娉娉. 关于我国体育管理体制改革的战略构想[J]. 现代国企研究，2018（2）：159；161.

[22] 田麦久."竞技体育强国"论析[J]. 北京体育大学学报，2008，31（11）：1441-1444.

[23] 田麦久.2020年我国竞技运动水平发展目标定位及实现策略[J]. 体育科学，2002，22（3）：1-5.

[24] 田雨普. 努力实现由体育大国向体育强国的迈进[J]. 体育科学，2009，9（3）：3-8.

[25] 国家体育总局.2007年中国城乡居民参加体育锻炼现状调查公报[N]. 人民日报，2008-12-19.

[26] 彭芳. 我国体育保险发展的问题及对策研究[J]. 商场现代化，2007（8）：235.

[27] 潘恩. 体育强国必然应是体育产业强国[N]. 中国体育报，2009-04-28.

[28] 王岗. 关于"体育强国"战略目标的科学反思[J]. 体育文史，1999（1）：14-16.

[29] 杨贵仁. 从战略高度认识和加强体育[J]. 中国高等教育，2007（11）：12-13.

[30] 贾洪洲，陈琦. 论改革开放以来我国学校体育指导思想[J]. 体育学刊，2013（5）：23-28.

[31] 王登峰. 完善学校体育制度体系和治理机制[N]. 中国教育报，2019-12-9.

[32]《体育运动管理学》编写组. 体育运动管理学[M]. 北京体育学院出版社，1985.

[33] 张秀萍. 浅析学校体育工作的管理[J]. 体育科研，2003（5）：19-22.

[34] 崔建树，阮春良. 从"国家安全"到"人的安全"——论"非传统安全"理念及其局限性[J]. 山东社会科学，2011（1）：54-55.

[35] 任天平. 学校体育指导思想的演变历程及其反思[J]. 西安体育学院学报，2016，33（5）：63-64.

[36] 施秋桂，李骁天. 社会进步、人类健康与终身体育[J]. 北京体育大学学报，2006，29（8）：21-23.

[37] 王涛，赵子建. 专业认证与学科评估背景下体育教师教育专业课程体系改革的问题及策略[J]. 体育学刊，2020，27（4）：98-104.

[38] 张学忠，杨小永. 体育课程论理论体系构建的基本问题：概念、性质、对象和任务 [J]. 北京体育大学学报，2014，37（3）：107–111；116.

[39] 刘庭有. 我国学校体育课程标准的历史演进与启示 [J]. 教学与管理,2016（7）：92–95.

[40] 周西宽. 体育基本理论教程 [M]. 北京：人民体育出版社，2004.

[41] 郭振，王松，阿柔娜等. 改革开放40年我国体育与生态环境研究评述 [J]. 体育学刊，2020，27（4）：84–90.

[42] 陆高峰. 关于新时期高校加强体育师资队伍建设的思考 [J]. 教育与职业，2016（5）：62-64.

[43] 周伟峰. 浅谈我国体育场馆设施的发展历程 [J]. 体育科技文献通报，2007，15（1）：19–21.

[44] 胡嘉樵，张守信. 学校体育经费管理的现状、任务和方法 [J]. 中国学校体育，1989（6）：8–9.

[45] 董新光. 下一个10年我国群众体育发展的战略选择 [J]. 体育学刊，2009（6）：1–6.

[46] 周学荣，吴明. 新起点，新跨越—《全民健身计划》新点解析 [J]. 体育与科学，2012，33（1）：92-95.

[47] 张虎祥. 体育文化与全民健身 [M]. 北京：九州出版社，2018.

[48] 方汪凡，张强，蔡朋龙等. 健康扶贫视域下全民健身价值及推广路径 [J]. 体育文化导刊，2019（12）：50–55；62.

[49] 韩超，郝君. 体育发展促进全民健身的思考 [M]. 吉林：吉林大学出版社，2015.

[50] 朱亚成，季浏. 全民健身的时代变革与实施路径 [J]. 哈尔滨体育学院学报，2020，38（1）：33–37.

[51] 杨秋梅，朱立新. 全民健身服务体系运行中涌现效应生成路径研究 [J]. 哈尔滨体育学院学报 2018（5）：45–49.

[52] 刘国永. 实施全民健身战略，推进健康中国建设 [J]. 体育科学，2016（12）：3–10.

[53] 陈刚. 广泛开展全民健身运动，加快推进体育强国建设——以十九大精神为指引开创江苏体育发展新局面 [J]. 体育与科学，2018（1）：1–6.

[54] 康建敏，郑颖. 全民健身是健康中国的重要支撑 [J]. 人民论坛，2018（5）：66–67.

[55] 王昌友.全民健身治理现代化的基本路向与现实路径[J].西安体育学院学报，2017（4）：33–38.

[56] 徐宏.社区体育指导[M].北京：北京师范大学出版社，2009.

[57] 向祖兵，李骁天，汪流.社区—社会体育组织—社会体育指导员联动运行机制研究[J].北京体育大学学报，2017，40（9）：12–15.

[58] 梁勤超，王洪坤，李源.冲突与治理：城市社区公民体育权益冲突的社会学审视[J].天津体育学院学报，2019，34（4）：286–289；314.

[59] 张艳.社区体育整体性治理的社会资本培育：逻辑、困惑与途径[J].沈阳体育学院学报，2020，39（3）：43–48.

[60] 赵述强，张维珂，王汝尧，等.我国新型社区文化建设中体育元素植入的研究[J].南京体育学院学报（社会科学版），2017，31（4）：60–65.

[61] 樊炳有.社区体育论[M].北京：北京体育大学出版社，2003.

[62] 国家统计局，国家体育局.2018年全国体育产业总规模和增加值数据公告[R\OL].(2000–1–20)[2021–6–14].http://www.gov.cn/xinwen/2020-01/21/content_5471152.htm

[63] 苏秀华.体育产业经营与管理[M].北京：北京体育大学出版社，2008.

[64] 钟天朗.体育经济学概论[M].上海：复旦大学出版社，2004.

[65] 体育产业经营与管理[M].北京：北京体育大学出版社，2008.

[66] 国家统计局.国家体育产业统计分类（2015）[R/OL](2015–09–28)[2021–05–26] http://www.stsa.gov.cn/tjsj/tjbz/201509/t20150928–12505/2.html.

[67] 国家统计局.国家体育产业统计分类（2019）[R/OL](2019–04–09)[2021–05–26] http://www.ststs.gov.cn/tjgz/tzgb/201904/t20190419_1658556.html

[68] 鲍明晓.体育产业：新的经济增长点[M].北京人民体育出版社，2000.

[69] 杨越."后奥运时代"中国发展战略研究[M].北京经济管理出版社，2011.

[70] HOULIHAN, BARRIE. The Government and Politics of Sport[M]. London: Routledge, 2014.